Helmut Meyer / Gudrun Meyer

Pferde anders aufgezäumt

Streifzüge durch die Natur- und Kunstgeschichte

Helmut Meyer / Gudrun Meyer

Pferde anders aufgezäumt

Streifzüge durch die Natur- und Kunstgeschichte

Die Deutsche Bibliothek – CIP-Einheitsaufnahme

Meyer, Helmut:
Pferde anders aufgezäumt : Streifzüge durch die Natur-
und Kunstgeschichte / Helmut Meyer/Gudrun Meyer. –
Hannover : Schlütersche, 2002
ISBN 3-87706-695-X

Autoren
Prof. em. Dr. Dr. h. c. Helmut Meyer
Kaulbachstr. 11
30625 Hannover

Gudrun Meyer
Heinrich-Mann-Platz 13
13156 Berlin

© 2002, Schlütersche GmbH & Co. KG, Verlag und Druckerei,
Hans-Böckler-Allee 7, 30173 Hannover

Gesamtgestaltung: Schlütersche GmbH & Co. KG,
Verlag und Druckerei, Hannover
Satz: Dörlemann Satz, Lemförde
Litho: Composing & Print GmbH, Hannover
Druck: Werbedruck Aug. Lönneker GmbH & Co. KG,
Stadtoldendorf
Bindung: Albert Rödiger GmbH, Langenhagen

Inhalt

Vorwort

Vier Augen sehen mehr als zwei. Diese Binsenwahrheit gilt besonders beim Anschauen eines Kunstwerkes mit dem Motiv Pferd. Der eine sieht das Pferd, seine Proportionen, seine Körperhaltung oder Bewegung, seine Farbe und Pigmentierung, seine Nutzungsbedingungen oder Bedeutung für die Geschichte des Menschen – der andere den Aufbau des Bildes, die Mal- und Formtechnik, die Stilperiode, den Künstler mit seinen Intentionen oder seiner konkreten Botschaft.

So entstand dieses Buch, in dem Tochter (Kunsthistorikerin) und Vater (Veterinärmediziner) 26 Kunstwerke aus mehreren Jahrtausenden betrachten, analysieren und jeweils ihren speziellen Gedanken nachgehen.

Vielleicht gewinnt der Leser durch die »anders aufgezäumten« Beschreibungen von Pferdebildern, durch den Versuch, Natur und Kunst zusammenzuführen, mehr Verständnis für die künstlerische Aussage und umgekehrt auch für das Objekt, das Pferd, als bei konventioneller Sicht. Der lange gemeinsame Weg von Mensch und Pferd könnte so ein Erlebnis für Geist und Sinne werden.

Hannover / Berlin,
im Frühjahr 2002   Helmut Meyer / Gudrun Meyer

1   Als die Pferde noch Wild waren

Eiszeitjäger schnitzten ihre Beute

DIE BISHER ÄLTESTE BEKANNTE PFERDESKULPTUR schnitzten Jäger der Eiszeit aus hartem Elfenbein. Neben der vollendeten Form fasziniert das hohe Alter des Wildpferdes, das zusammen mit anderen Kultfiguren von Wisent, Mammut und Löwe erst 1931 im schwäbischen Lonetal gefunden wurde. Die Radiokarbonmethode, eine Art biologische Uhr, hat die geschätzte Entstehungszeit vor rund 37 000 Jahren bestätigt. Die Höhlen der Schwäbischen Alb sind wahre Schatzkammern prähistorischer Kunst – so entdeckten Wissenschaftler im Sommer 2000 allein in einer weiteren Höhle ca. 10 000 gestaltete Objekte.

Was ist an der miniaturhaften Skulptur mehr zu bewundern: die handwerkliche Kunst eiszeitlicher Jäger in rauer Umwelt oder die kreative Fähigkeit, das Wesen eines Tieres zu erfassen? Mit sicherer Hand ist der Pferdekörper harmonisch geformt. Wenige Kerbschnitte zeichnen das sanfte Maul, die geöffneten Nüstern, den Augen- und Ohransatz. Der schlanke Hals mit dem eleganten kleinen Kopf steht im Gegensatz zu Umrissen der meisten Wildpferde, die mit Stehmähne, kurzem, breitem Hals, großem Kopf und tiefen Ganaschen 5000 bis 15 000 Jahre später als imaginäre Beute Höhlenwände in Südfrankreich und Nordspanien belebten. Doch einige unter ihnen erinnern auch an die Pferdeskulptur der Schwäbischen Alb.

Das Pferd diente seit dem 19. Jahrhundert als »Paradepferd« der Evolutionsforschung. Bei keiner Säugetierart ist eine rund 50 Mio. Jahre lange Entwicklung dank erhaltener Skelettteile so gut dokumentiert. Der fuchsgroße Vorfahr *Eohippus*, noch mit drei bzw. vier

1 Wildpferd
Elfenbein, Höhe 2,5 cm, Länge 4,8 cm, etwa 37 000 Jahre alt
gefunden im Lonetal/Schwäbische Alb
Tübingen, Institut für Ur- und Frühgeschichte der
Eberhard-Karls-Universität

Zehen ausgestattet, lebte im Tertiär als Laubfresser in den ausgedehnten tropischen Regenwäldern eines Kontinents, der noch nicht in Alte und Neue Welt aufgespalten war. Als sich das Klima abkühlte und die Wälder von Steppenlandschaften verdrängt wurden, mussten sich die Vorfahren der Pferde nach und nach zwei Veränderungen anpassen: an das harte, teils verkieselte Futter aus Gräsern der Steppe und an die offene Landschaft, die immer weniger Deckung bot. Beides gelang: zum einen durch die allmähliche Ausbildung von breiten, mahlfähigen Backenzähnen und der vermutlich parallelen Modifikation des Darmkanals mit Gärkammern zur besseren Verdauung der Nahrung (was aber nicht nachweisbar ist), zum anderen durch die Verlängerung der Gliedmaßen bei gleichzeitiger Reduktion der Zehen bis auf den mittleren Strahl, der zum Huf umgeformt wurde. So konnten sich die Pferde in der offenen Steppe rasch bewegen und notfalls auch flüchten.

Zu Beginn des Miozäns (vor rund 25 Mio. Jahren) wanderte eine Pferdeart vom inzwischen abgedrifteten amerikanischen Kontinent nach Eurasien, wo sie aber nach etwa 15 Mio. Jahren ausstarb. Bald nach dem Übergang von Mio- zum Pliozän (vor rund 8 Mio. Jahren) begann in Amerika die allmähliche Entwicklung zum Einhufer. Zuvor war ein Ableger, *Hipparion*, nach Eurasien und Afrika gewandert, doch auch diese Pferdepopulation verschwand dort vor etwa 1,5 Mio. Jahren vollständig, ohne dass dafür Gründe bekannt sind. In Nordamerika hatte sich inzwischen der Stammvater des Hauspferdes weitgehend entwickelt. In einem neuen Anlauf vor rund 1,5–2 Mio. Jahren gelangte dieses Pferd über die Behringstraße in die Alte Welt und etablierte sich nach weiterer Differenzierung von der Mongolei bis Spanien, etwa zwischen dem 55. und 40. nördlichen Breitengrad.

Als die Eiszeitmenschen auf der Schwäbischen Alb Wildpferde jagten und verzehrten, war die amerikanische Prärie noch pferdereich. Doch innerhalb relativ kurzer Zeit starben dort vor etwa 10 000 Jahren die Pferde aus. Warum? Die Eiszeit war vorüber, die klimatischen Verhältnisse günstig. Futter gab es genug, wie das Überleben der Bisons beweist. Und als das Pferd mit Kolumbus seine alte Heimat wieder betrat, vermehrte es sich dort fast ungehemmt. So bleibt rätselhaft, warum es zuvor nicht hatte überleben können. Die Hypothese, eine Seuche habe die Pferde ausgelöscht, ist nach allen Erfahrungen mit Tierseuchen unwahrscheinlich. Daher verstärkt sich der Verdacht, dass der Mensch seine Hand im Spiel gehabt und das Pferd überjagt hat. Während Seuchenerreger der befallenen Art meistens noch eine Überlebenschance lassen, handelt der Mensch oft radikaler.

Die je nach Klima und Vegetation entstandenen eurasischen Wildpferdvarianten (u. a. der Tarpan) wurden allerdings auch nach und nach dezimiert. Nur im äußersten Osten, in der Mongolei, überlebten einige Exemplare fast bis in unsere Tage. In den westlichen Kulturlandschaften hatte der Mensch inzwischen Pferde und andere Tiere domestiziert – Wildpferde waren dadurch zu Nahrungskonkurrenten geworden. Außerdem stand das Wilde, Spontane, Unkontrollierbare zunehmend im Gegensatz zur geordneten Welt der Agrikultur.

Als der russische Oberst Nikolai Przewalski 1879 aus der Mongolei über letzte Wildpferde – die nicht unmittelbare Vorfahren der heutigen Hauspferde gewesen sein mussen – berichtete, elektrisierte das die Zoologen, vor allem aber die Tierhändler in Westeuropa. Unter großen Mühen konnten bis zur Jahrhundertwende etwa 50 Fohlen gefangen und in Wildparks oder zoologische Gärten eingestellt werden. Bis zum Beginn des 2. Weltkriegs lebten in Tierparks etwa 40– 50 Przewalskis, nach 1945 waren es noch 31. Dank internationaler Zusammenarbeit ist der Weltbestand inzwischen auf 1600 angestiegen, nicht zuletzt durch bessere Zuchtmöglichkeiten in Freigehegen mit größeren Tiergruppen. Nach 1992 kehrten 48 dieser Wildpferde als Neusiedler in ihre Heimat, die Mongolei, in ein geschütztes Reservat zurück und vermehrten sich dort trotz einiger Verluste.

Alle Bemühungen und Erfolge zur Erhaltung des Wildpferdes trübt allerdings ein Wermutstropfen. Zunehmend wird bezweifelt, ob die Przewalskis des Herrn Przewalski wirklich noch ganz rein und nicht schon teilweise mit Hauspferden gekreuzt waren. Da tröstet vielleicht die Erkenntnis: Wenn der Mensch das Pferd nicht gezähmt hätte, wäre es vermutlich auch in der Alten Welt vollständig ausgestorben.

2   Pferde an der Staatskrippe

Assyrische Krieger im Biwak

IN SEINEM PALAST ZU NIMRUD am Tigris ließ der Assyrer-König Assurnasirpal II. (883–859 v. Chr.) seine Kriegstaten und Jagderfolge auf großformatigen Wandreliefs verherrlichen, um seine Gäste zu beeindrucken. Heute faszinieren die Alabastertafeln die Besucher des British Museums in London, da der englische Diplomat und Archäologe Sir A. H. Layard, der die Ausgrabungen im Zweistromland ab 1845 leitete, die besten Funde in sein Heimatland verfrachten ließ – zum Ruhme ihrer Majestät. Auf einer der Alltagsszenen werden Pferde ausgespannt, gepflegt und gefüttert. Im mittleren Teil schabt ein Reitknecht einem etwas unruhig wirkenden Hengst Schaum, Staub und Schweiß von der Haut. Er kommt fachgerecht von vorn und hält Abstand von der beweglichen Nachhand. Im unteren Abschnitt stehen drei Pferde an einer Krippe. Das Tier im Hintergrund wendet den Kopf fordernd nach links, das Futter erwartend. Die Fressgier der beiden anderen Tiere wird anschaulich durch die nach rückwärts gestemmten Hinterbeine und den vor Erregung leicht angehobenen Schweif charakterisiert. Wenige Linien markieren geschickt die charakteristischen anatomischen Details wie Augenbögen, Drosselrinne, Sitzbeinmuskulatur, Gelenke und Sehnen – die Technik des feinen Flachreliefs war eine besondere Spezialität der Assyrer.

Die stämmigen, fast quadratischen Pferde sind mittelgroß. Mit ihren Stehmähnen, kleinen Ohren, kräftigen Ganaschen erinnern sie an manche Ponytypen. Pferde auf anderen Wandreliefs des Palastes ähneln mehr den späteren Arabern.

2 Biwak
Assyrisches Relief aus dem Thronsaal im Palast von Nimrud
(Ausschnitt)
Alabaster, 9. Jh. v. Chr.
London, British Museum

Die Pferde an der assyrischen Krippe fressen offenbar konzentriertes Futter, ähnlich wie schon 500 Jahre zuvor die Pferde der Hethiter, deren Haltung, Training und auch Fütterung im Kikkuli-Text (14.–13. Jh. v. Chr.) detailliert überliefert sind. Allein mit Heu, Gras oder Stroh konnten Kampfwagenpferde nicht gesättigt werden. Im Kampf stieg der Energiebedarf um das 2- bis 3fache. Nur mit konzentrierten Futtermitteln wie der damals üblichen Gerste war dann der Bedarf zu decken. Hafer war noch kein Pferdefuttermittel. Er wanderte in prähistorischer Zeit als Unkraut nach Mitteleuropa ein und fand hier im feucht-kühlen Klima ideale Wachstumsbedingungen.

Aus der Krippe sind die assyrischen Pferde vermutlich auch getränkt worden, denn: ohne Wasser bei hohen Umgebungstemperaturen keine Leistung! Das Pferd reguliert seinen Wärmehaushalt ähnlich wie der Mensch. Es schwitzt, nicht wenig, bis zu 1,5 l pro Std. und 100 kg Körpergewicht. Aber nicht allein der Verlust an Wasser muss ersetzt werden, sondern auch Natrium, Chlor und Kalium, die im Pferdeschweiß in weit höheren Konzentrationen vorliegen als beim Menschen.

In den Tagen des Königs Assurnasirpal ging die Zeit der pferdebespannten Kampfwagen vorüber. Sie hatten sich am Ende des 3. Jtd. v. Chr. entwickelt, als indogermanische Stämme des Nordens mit ihren Pferden im Vorderen Orient auf ackerbautreibende Völker trafen, deren Wagen noch von Ochsen und Eseln gezogen wurden. Aus der Synthese von Pferd und Wagen entstand ein neues Kriegsgerät, das sich schnell über das Zweistromland hinaus bis nach Kleinasien, Südosteuropa, Ägypten, Indien und China ausbreitete.

Als die Pferde durch Selektion allmählich größer geworden waren, schwangen sich die Krieger in den Sattel. Die Kavallerie entstand, die fast 3000 Jahre das Kriegsgeschehen bestimmen sollte. Kämpfer zu Pferde waren schneller, vielseitiger und von den Bodenverhältnissen unabhängiger als auf Kampfwagen.

Die assyrischen Könige wussten, was sie ihren Pferden, dem Rückgrat der Armee, verdankten. Hochrangige Offiziere waren für ihr Wohlergehen verantwortlich. König Assarhaddon (681–669 v. Chr.)

ließ sich täglich in einem Pferderapport über Bestand und Neuzugänge unterrichten. Umgekehrt wird diese Wertschätzung auch aus Äußerungen »sprechender Pferde« in der babylonischen Weisheitsliteratur verdeutlicht: »Ohne mich bewegt sich weder König noch Prinz durch die Straßen, ich lebe direkt neben dem König«.

Als die assyrischen Krieger biwakierten, befand sich das Pferd schon fast 3000 Jahre in menschlicher Obhut, fast die gleiche Zeitspanne trennt es heute von der abgebildeten Szene. Schon damals war es müßig – erst recht heute – zu spekulieren, ob bestimmte Pferderassen unmittelbar von Unterarten des Wildpferdes abstammen. Die Pferdepopulationen waren durch Völkerwanderungen, Kriege oder Handel schon in jener Zeit kräftig durcheinander gewirbelt. Hinzu kamen vielfältige und intensive natürliche Einflüsse wie Klima, Boden und Futter und eine gezielte Selektion durch den Menschen auf diverse Nutzungs- und Exterieureigenschaften. Das Ergebnis sind heute weltweit mehrere hundert Pferderassen und -schläge mit einer breiten Skala von Form, Größe und Farbe. Die Riesen unter den Pferden erreichen rund 1000 kg bei einer Widerristhöhe von 1,70–1,80 m. Die Zwerge, die Miniaturponys, kommen im Mittel auf ein Stockmaß von 60–70 cm. Die bisher kleinsten gemessenen Pferde können mit 36 cm Widerristhöhe unter dem Bauch der größten (Rekord 2,19 m) ohne Schwierigkeiten hindurchschlüpfen.

Der Erfolg aller reiterlichen oder kriegerischen Aktivitäten beginnt im Stall oder Lager mit sorgfältiger Pferdebetreuung – ein Rat, den das assyrische Bild auch noch für heutige Pferdehalter bereit hält.

3   Mit 4 PS im Rennen

Hippologie in kleiner Münze

AUF KNAPP 6 CM² EINER ETWA 2500 JAHRE ALTEN SILBERMÜNZE aus Sizilien ist die spannendste Phase des klassischen Viererge-spannrennens gebannt: die Wendung um 180 Grad an der Säule am Ende der 400 m langen Bahn (rechts im Bild). In Olympia musste ein Fahrer während eines Rennens zwölfmal in voller Karriere in einer Linkskurve die Wendemarke umrunden und dabei die rechts gehenden Pferde anfeuern, die innen laufenden zügeln. Dieses schwierige, nicht ungefährliche Manöver versucht der Fahrer auf dem Münzbild, weit nach vorn gebeugt, mit Treibstab und Leinen zu meistern. Die Bewegungskontraste sind unschwer an der Kör-perhaltung der Pferde, der unterschiedlichen Stellung ihrer Köpfe, vor allem aber an ihren ausgreifenden oder verhaltenen Schritten zu erkennen. Euainetos, dem berühmten Stempelschneider aus Syrakus, gelang es, die acht Beinpaare in ihren typischen Bewegungsabläufen meisterhaft zu koordinieren.

Die Münzkunst erreichte am Ende des vorchristlichen 5., des klas-sischen griechischen Jahrhunderts einen ersten Höhepunkt durch die Synthese abstrahierender, gleichzeitig aber naturnaher Bilder. Dabei handelt es sich um eine vergleichsweise junge Kunstgattung. Denn erst um 650 v. Chr. hatten Herrscher in Kleinasien erstmals Münzen schlagen lassen, in Lydien, dem Land, in dem später der sagenhaft reiche Krösus regierte.

Wettfahrten mit Pferdegespannen hatten in Griechenland eine lange Tradition. Schon Homer schilderte die Rennen der Achäer vor Troja. Bevor die Zweiergespanne z. B. zu Ehren des gefallenen

3 Quadrigarennen
Tetradrachme, um 410 v. Chr., aus Katane/Sizilien
Silber, 16,9 g, 2,7 cm ø
Berlin, Münzkabinett

Patroklos losjagten, gab der greise Nestor seinem Sohn den Rat, den wohl auch der Fahrer der Münzquadriga beherzigt hat: »Das rechte Ross der Gespanne treib mit Geißel und Ruf, und lass ihm die Zügel ein wenig, während dir nah der Säule das linke Ross sich heran drängt ... Den Stein zu streifen vermeide, dass du nicht verwundest die Ross' und den Wagen zerschmetterst.«

In der nachhomerischen Zeit veranstaltete fast jede größere griechische Stadt Pferdewettkämpfe, die berühmtesten feierte jedoch Olympia. Einen Monat ruhten dann alle kriegerischen Aktivitäten, wenn sich hier die Hautevolee Griechenlands versammelte. Der griechische Dichter Pindar (522–446 v. Chr.), nicht kleinlich mit großen Worten, griff gleich zu den Sternen, als er Olympias Ausstrahlung pries: »Suche am Himmel nicht hellere Sterne als die Sonne, auch nicht zwischen den griechischen Spielen glänzendere als die olympischen.«

Seit 680 v. Chr., der 25. Olympiade, stritten alle vier Jahre Vierergespanne mit den besten Fahrern und Pferden. Zunächst nur aus dem Mutterland, doch etwa ab 500 v. Chr., als der Pferdetransport zur See verbessert war, nahmen auch Sportler aus den griechischen Kolonialstädten in Unteritalien, Sizilien und Nordafrika teil. Als erster Auslandsgrieche siegte 488 v. Chr. Gelon, der spätere Tyrann von Syrakus. Über Jahrhunderte schmückte daher ein Quadrigamotiv die Münzen dieser Hafenstadt. Ein Sieg in Olympia brachte den höchsten Ruhm, den ein Grieche erreichen konnte. Wenn auch die Heimatstädte ihre Sieger mit Geld und Ehrungen belohnten – unvergänglich blieb der Ruhm, wenn er in eherne Münzen geschlagen war.

Die Pferdewettkämpfe in Olympia, die über 1000 Jahre – bis 394 n. Chr. – abgehalten wurden, erlebten mancherlei Erweiterung, aber auch modische Exzesse. So sollten zeitweilig Zweiergespannrennen mit Stuten, Maultieren oder Fohlen ebenso wie Reiterwettkämpfe das Publikum unterhalten. Kaiser Neros Auftritt in Olympia (67 n. Chr.) war maßlos in seinem Konzept (er fuhr ein Zehnergespann), lächerlich in seinem Verlauf (in der zweiten Runde fiel er vom Wagen) und grotesk in seiner Wertung (er erhielt den Siegerkranz).

Bei Rennstrecken, die in Olympia über neun Kilometer betrugen, kam es nicht nur auf Geschwindigkeit und Geschicklichkeit an, sondern auch auf Ausdauer. So züchtete man – wie zahlreiche Vasen- und Münzbilder zeigen – einen trockenen, edlen Pferdetyp, der allerdings nur eine Widerristhöhe von etwa 1,35 m erreichte. Der schmale, leicht konvexe Kopf, der schlanke Hals, die grazilen Gliedmaßen und die aufgezogenen Flanken erinnern an das Exterieur heutiger Rennpferde.

Auch in Rom feierte man schon seit der Gründungszeit (8. Jh. v. Chr.) Reiterwettkämpfe. Zunächst aus kultischen, sportlichen oder militärischen Motiven veranstaltet, waren sie nachher nur noch Massenspektakel, panem et circenses, im Film »Ben Hur« 1959 imposant nachgestellt. In der späten Republik und während der Kaiserzeit legten fast alle größeren römischen Städte einen Rennplatz an, meistens auf lockerem Sandboden, Arena (lat. = Sand) genannt. Der Circus Maximus in Rom fasste zu Kaiser Trajans Zeiten (um 100 n. Chr.) mindestens 150 000 Besucher. Hier kämpften professionelle Fahrer, die zwei oder vier Parteien angehörten, um den Sieg – viel bejubelt, gut bezahlt, aber auch stark gefährdet. Manche Grabinschrift erinnert an das vorzeitige Ende eines vielversprechenden Talents: »Als ich beschleunigte, fiel ich in den Schatten der Lethe.«

Zumeist aber schwebten Fahrer und Pferde auf der Welle der Sympathie. In Byzanz avancierte ein Jockey sogar zum Kaiser (Basilejos, 867–886 n. Chr.). Der römische Dichter Martial (1. Jh. n. Chr.) klagte, er werde nicht berühmter werden als Andramon, der wiehernde Star vieler Wagenrennen. Die Griechen spotteten über Pferdenarren: sie hätten ihre Seele in der Pferdekrippe. Römische Fans scheuten sich nicht, vor dem Rennen das Letzte, den Kot, olfaktorisch zu prüfen, ob die Ernährung der Pferde auch siegversprechend sei.

Das große Spektakel weckte aber auch andere, zarte Erwartungen, wie sie Ovid poetisch verklärte. Auf dicht gedrängten Rängen gesteht ein Jüngling seiner Nachbarin: »Du schaust dir das Rennen an, ich schaue dich an – so werden wir beide sehen, was wir lieben.« Treue Anhänglichkeit für ein Rennpferd überliefert ein römisches Mosaik in Algerien: *Vincas, non vincas, te amamus* = du magst siegen oder du magst verlieren, wir behalten dich lieb.

4 Im fliegenden Passgang

Chinesisches Bronzepferd als Grabbeigabe

»FLIEGENDES PFERD« tauften chinesische Archäologen die kleine Bronzeskulptur, die sie 1969 in einem Grab der jüngeren Han-Zeit (1. bis 2. Jh. n. Chr.) in der Provinz Kansu entdeckten. Ihre Begeisterung war verständlich, denn selten ist Bewegung so leicht und schwerelos umgesetzt. Auf ein Bein gestützt, scheint der Pferdekörper zu schweben. Die großen Augen, das weit geöffnete Maul, der hochgeworfene Schweif und die gestreckten Beine verstärken diesen Eindruck noch.

Vor knapp zwei Jahrtausenden, als die Figur entstand, war das Land schon 1500 bis 2000 Jahre lang mit Pferden und auch dem Bronzeguss vertraut. Zu den ältesten Objekten aus dieser Legierung zählen Kult- und Weihegefäße, Opferschalen, Trinkbecher und Waffen. Um 1000 v. Chr. tauchen vollplastische Tierfiguren auf, z. B. Büffel oder Elefanten, zunächst noch steif und unbeholfen, doch bald immer ausdrucksvoller bis hin zu den Meisterwerken der Han-Zeit.

Die Chinesen nutzten Pferde ähnlich wie andere Kulturvölker: im Verlauf des 2. Jtd. v. Chr. vor dem Kampfwagen, ab dem 4. Jh. v. Chr. als Reittier. Die aus dem Nordwesten eingewanderten Pferde waren nicht von edelster Rasse, sondern stämmige, kompakte Ponytypen. Als Terrakottaarmee begleiteten sie zusammen mit Reitern und Fußsoldaten (insgesamt 8000 Tonfiguren) den ersten Kaiser Qin Shihuang (259–210 v. Chr.) auf seiner letzten Reise. Erst 1974 wurde dieses unterirdische Heerlager entdeckt, fast unbeschadet wie auch fünf Jahre zuvor das »fliegende Pferd«.

Als Kaiser Wu-ti (141–85 v. Chr.) von größeren, schlankeren und

4 Fliegendes Pferd
jüngere Han-Dynastie, 25–220 n. Chr.
Bronzekopie, Höhe 34,5 cm, Länge 45 cm
1969 gefunden in dem Grab eines Generals
in der Kansu-Provinz, Ort des Originals nicht bekannt

schnelleren Pferden in westlichen Nachbarländern hörte, scheute er weder Anstrengung noch Gewalt, um sie auch zu besitzen. Auf einem etwa 3000 km langen Eroberungszug ins ferne Turkmenistan, nach Ferghana, blieben Tausende chinesischer Soldaten und Pferde auf der Strecke – ein hoher Preis für einen geringen Ertrag. Die wenigen erbeuteten edlen Pferde wurden jedoch »angehimmelt«, zu himmlischen Pferden verklärt. Dass sie bei Hitze Blut schwitzten, erhöhte ihr Ansehen, wenngleich sich dahinter ein ganz profaner Vorgang verbarg: ein Befall mit *Filaria hemorrhagica*, einem Hautparasiten. Der weite Weg nach Ferghana bewirkte aber mehr als nur die kurze Freude über die prächtigen Geschöpfe, er öffnete das Tor zum Westen für den Austausch von Gütern und Ideen.

Das »fliegende Pferd«, vermutlich auch ein himmlisches, verkörperte den in der Han-Zeit verbreiteten Wunsch, sich in ein geflügeltes, unsterbliches Wesen zu verwandeln. Auch ohne Flügel, die noch 100 Jahre zuvor Pferdebronzen schmückten, zeigt diese Plastik das Schwebend-Gleitende des Pferdekörpers im fliegenden Passgang, bei dem für einen kurzen Moment nur ein Bein den Boden berührt. Erst Ende des 19. Jh. gelang es dem englischen Fotografen E. Muybridge, den Bewegungsablauf bei Pferden durch Chronofotografie sicher zu dokumentieren. Er baute 12 bzw. 24 Serienkameras parallel zueinander auf, ein davor laufendes Pferd löste über gespannte Fäden die Blendenöffnungen nacheinander aus. Die chinesischen Künstler mussten sich für diese Studien noch allein auf ihre Augen verlassen.

Pferde waren Chinas Schicksal. Immer wieder versuchten nomadisierende Reitervölker aus dem Norden oder Nordwesten ins »Reich der Mitte« einzudringen – die hoch entwickelte Kultur Chinas bot Vieles, was die Steppenvölker anlockte. Um den Störenfrieden mit gleichen Waffen parieren zu können, brauchte China Pferde und immer wieder Pferde. In einem vorrangig Ackerbau treibenden Land mit wenig natürlichen Weiden war die Pferdezucht schwierig. Zudem mussten sich die dicht zusammenlebenden Menschen schon damals überwiegend vegetarisch ernähren, die Futterflächen für Pferde engten die knappen Ressourcen weiter ein. Selbst ein Pferdezuchtgesetz von 1068, das Familien im Nordwesten des Landes die Haltung von mindestens einem Pferd vorschrieb, brachte nicht genügend Nachwuchs. Daher wurden für den Pferdekauf aus dem mongolischen Nachbarland die wertvollsten Güter der chinesischen Wirtschaft angeboten: Gold, Tee und Seide. Die Mongolen aber wollten immer mehr, und so überrannten Dschingis Khans Reiterhorden schließlich große Teile Chinas.

Obwohl die Mongolen nun sesshaft wurden, blieben Pferde das Zentrum ihres Denkens. So berichtet Marco Polo (1254–1324) vom prunkvollen Hof des Dschingis-Khan-Enkels Kublai Khan. Er soll einmal jährlich die etwa 10 000 schneeweißen Stuten seines Gestüts besucht haben, denen fast göttliche Ehren zuteil wurden. Im riesigen eurasischen Mongolenreich mit Distanzen von mehreren 1000 Kilometern standen zig-tausend Pferde für schnellste Nachrichtenübermittlung zur Verfügung. Bei fliegendem Wechsel alle 40 km konnten über 300 km pro Tag überbrückt werden.

Die Einsicht eines mongolischen Mandarins, man könne ein Reich zwar vom Sattel aus erobern, aber nicht regieren, bestätigte sich schon 1368: Die Mongolenherrschaft brach zusammen. Doch Chinas Bedrohung durch unruhige, berittene Nachbarn blieb. Die bodenständige Mentalität der Ackerbauern reagierte auf die Dynamik der anbrandenden Reiter defensiv, man mauerte sich ein. Der schon vom ersten Kaiser Qin Shihuang begonnene Schutzwall wurde zur Großen Mauer ausgebaut, viele Tausend Kilometer lang, 2 bis 16 m breit, 7 bis 8 m hoch – für jeden Reiter unüberwindlich.

Pferde haben in der Wirtschaftsgeschichte viele technische Einrichtungen initiiert, gefördert oder verbessert: Rad und Wagen, Geschirr und Hufeisen, Tretmühlen und Landmaschinen. Doch nirgends in der Welt setzte die Dynamik der Pferdebeine einen so gigantischen Bau ins Werk wie den der Großen Mauer.

5   Schönheiten mit dunkler Vergangenheit

Die Pferde von San Marco

»Ein herrlicher Zug Pferde«, schwärmte Goethe am 8. Oktober 1786 angesichts der vier Bronzerösser über der Eingangshalle des Markusdoms, als er während seiner italienischen Reise in Venedig Station machte. Den Wunsch, »einen echten Pferdekenner darüber reden zu hören«, hätte er sich leicht erfüllen können, denn schon damals gab es viele Bewunderer dieser bronzenen Pferde.

An Messungen und Detailuntersuchungen hat es nicht gefehlt, um das Geheimnis ihrer Harmonie und Schönheit zu ergründen. Die Pferde sind mit 1,71 m Widerristhöhe überlebensgroß, wenn man in der antiken Zeit eine Größe von 1,35–1,50 m ansetzt. Kompakt gebaut, muskulös, mit tiefer Brust und Flanke sowie kräftigen Gliedmaßen passen sie in kein Raster rezenter Rassen. Der Rumpf ist länger als beim Vollblüter oder Araber, aber kürzer als bei Kaltblütern, deren Hals- und Brustumfang sie jedoch übertreffen. Die im Vergleich zu heutigen Rassen längeren Beine gewinnen durch den Anblick der auf der Domvorhalle erhöht aufgestellten Pferde die richtigen Proportionen.

Details zeugen von sorgfältiger Beobachtung: z. B. die Ohren, entsprechend der Kopfbewegung nach vorn oder hinten gerichtet, die feine Behaarung ihrer äußeren Ränder, die klar angeschnittene Nasenfalte oder der durch ein angedeutetes Gebiss angezogene Lippenwinkel. Die relativ tief liegenden Augen mit einer quer-ovalen Eindellung im Pupillenbereich verleihen dem Kopf Lebendigkeit, ja Lebhaftigkeit. Die stehende Mähne ist in typisch griechischer Weise stilisiert. So gibt sie den Blick frei auf den mächtigen Hals und

5 Pferde von San Marco (Ausschnitt)
zwischen 4. Jh. v. bis 4. Jh. n. Chr. datiert
Bronze, Höhe 1,71 m (Widerrist), Länge 2,53 m, 897 kg
Venedig, Markusdom

verstärkt den Eindruck von Kraft, Spannung und Energie, betont durch den vom ehemaligen Geschirr verbliebenen Riemen, der Rumpf und Hals unterbricht. Die ausgreifenden Vordergliedmaßen künden von einer gebändigten Dynamik. Kratzspuren auf dem Goldüberzug, die Goethe als Werk von Goldräubern tadelte, stammen – wie heute nachgewiesen – aus der Werkstatt selbst, vermutlich um die Monotonie der glänzenden »Haut« abzuschwächen.

Vorstellungen über die Schönheit des Pferdes wechselten im Laufe der Zeiten, aber ein Körnchen Wahrheit liegt in Goethes Frage an Eckermann nach einer Spazierfahrt 1827: »Warum konnten wir vorhin einige Reitpferde schön nennen, als eben wegen der Zweckmäßigkeit ihres Baues?« Ergänzend fügte er hinzu: »Die Hauptsache ist es, dass der Mensch nicht seine verstümmelnde Hand angelegt hat.« Davon sind Pferde – anders als z. B. Hunde – züchterisch verschont geblieben, vielleicht weil die bisherige Nutzung eine »Zweckmäßigkeit ihres Baues« voraussetzte.

Ein Rätsel ist auch heute noch die Herkunft der Markus-Pferde. Wann und wo sind sie entstanden? Wer war ihr Schöpfer? Trotz aller Stilvergleiche, Materialanalysen und Schrifttumsrecherchen bleibt ein weiter Zeitrahmen: vom 4. Jh. v. Chr. bis zum 4. Jh. n. Chr. Der große Bildhauer aus der Alexander-Zeit, der Grieche Lysipp, wird als Schöpfer vermutet, aber auch ein Künstler aus der späten römischen Kaiserzeit. Vielleicht liegt die Wahrheit in der Mitte, etwa, dass römische Bronzegießer die je fast 900 kg schweren Kolosse im 1. oder 2. Jh. n. Chr. nach griechischen Vorbildern oder Originalen formten und durch einige Details im Zeitgeschmack ergänzten.

Nach den ältesten, doch umstrittenen schriftlichen Quellen aus dem 10. Jh. sollen die Bronzepferde im 5. Jh. unter Kaiser Theodosius II. von der griechischen Insel Chios nach Konstantinopel geholt und im Hippodrom aufgestellt worden sein. 1204 während des 4. Kreuzzugs von den Venezianern geraubt, überblickten sie seither von der Domvorhalle aus die Piazza San Marco, bis Napoleon sie 1797 für 17 Jahre nach Paris verschleppte. Die beiden Weltkriege überlebten sie »in voller Deckung«. Doch das Ende ihres öffentlichen Auftritts bereitete ihnen Venedig selbst: Hohe Gehalte an Schwefeldioxid und Chlorid in der schweren Luft der Lagune verursachten so starke Korrosionsschäden, dass die Originale nach gründlicher Reinigung seit den 70er Jahren des letzten Jahrhunderts nur noch im Innern des Doms überleben können und Kopien sie außen ersetzen.

Pferde waren in der Antike Symbol vieler Naturerscheinungen, Substitut menschlicher Verhaltensmuster, Begleiter von Göttern und Heroen, Verursacher göttlicher und menschlicher Schicksale. Ihnen wurden die »gleiche Freiheit, der gleiche Stolz und der gleiche Adel« wie dem Menschen zugebilligt. In der Brandung des Meeres sahen die Griechen die weißmähnigen Rosse des Poseidon. Am Himmel erstrahlten die rosenfarbigen Pferde von Eos, der Göttin der Morgenröte. Helios fuhr täglich die Sonnenscheibe von Ost nach West, gezogen von vier flammenden, feuerschnaubenden Schimmeln. Die Mondgöttin Selene ritt auf Rappen in die Nacht. Der Sturmgott Boreas, der Herr der kalten Nordwinde, zeugte mit den Stuten des Königs Erichthonios wunderbare Fohlen. Achills windschnelle Rosse hatten Zephyros, den Westwind, zum Vater. Pfeilschnell war das Flügelpferd Pegasus, das erst später zum Musenross mutierte. Das berühmteste Pferd der Antike, das trojanische, ist noch heute »Zugpferd« in Literatur und Kunst. Pferde konnten mit den Menschen weinen oder sprechen wie Achill mit seinem Pferd Xanthos, bösartig sein wie die menschenfressenden Stuten von König Diomedes, rachsüchtig wie die Stuten des thebanischen Königs Glaukon, der ihnen Hengste vorenthielt und so die Gesetze der Aphrodite missachtete.

Dass Pferde im Altertum »ein Geschenk der Götter« und mehr waren als prosaische Gebilde der Natur, davon künden noch immer die bronzenen Rösser von San Marco – eine Synthese kultureller Strömungen aus der griechisch-römischen Antike, eines ihrer schönsten Geschenke an unsere Zeit.

6   Pferde auf See

Ein Teppich erzählt Geschichte

PFERDE AN BORD sind kein alltäglicher Anblick. Ungewöhnlich ist auch der Anlass: Die Pferde sind auf Kriegsfahrt. Das Boot zählt zu den etwa 700 Schiffen, mit denen Wilhelm der Eroberer im Herbst 1066 von der Normandie nach England segelte, um seinen Thronanspruch zu sichern. Nach sechswöchiger Wartezeit, bei ruhiger See und südlichen Winden konnte der normannische Herzog mit flachen Booten den Sprung über den Kanal wagen. Die Pferde – bis zu 3000 sollen es gewesen sein – hatten die Seefahrt offenbar gut überstanden, denn 16 Tage später trugen sie in der Schlacht von Hastings wesentlich dazu bei, dass ihr Herzog König von England wurde.

Die Seereise der Pferde ist eines von vielen Motiven auf dem gestickten Bildteppich von Bayeux (Nordfrankreich), heute ein kostbares Zeugnis mit hohem kunsthistorischen Wert. In vielen detailfreudigen Szenen illustriert der ca. 75 m lange und $1/_2$ m breite Wandbehang die Treulosigkeit Herzog Harolds von England und Wilhelms Aufbruch aus der Normandie. Nach 900 Jahren lesen sich diese Bilder über Jagd und Krieg, über Hoffeste und Lagerleben, über Kampf und Tod noch immer wie ein spannendes Geschichtsbuch, das jetzt in einem eigenen Museum, in klimatisierten Räumen vor grellem Licht geschützt, präsentiert und ausführlich erläutert wird.

Farbige Wollfäden in Plattstich bilden flächige Muster, die teilweise durch doppelte Garnlagen reliefartig belebt sind. Stiel- oder Steppstiche in kräftigen Tönen konturieren Gesichter und Gegenstände. Der Entwurf stammt vermutlich nur von einem Künstler, die umfangreichen Stickereien dagegen erforderten wohl viele Helfer.

6 Pferde auf der Überfahrt nach England, 1066 n. Chr.
Teppich von Bayeux, 1073–1083
Stickerei auf Leinen (Ausschnitt)
Bayeux, Centre Guillaume le Conquérant

Auf den Bildern agieren insgesamt 175 Pferde. Trotz der begrenzten Farbskala (7 Naturtöne) gelingt es, Rappen, Braune, Isabellen und Füchse, ja selbst einen Schimmel zu charakterisieren, die Farbkombination von Lang- und Kurzhaar dagegen ist oft großzügig gehandhabt. Die Streifung der Mähnen – technisch einfach durch Freilassen des hellen Leinentuchs erreicht – erinnert bei den Bootspferden an im Seewind flatternde Haare.

Die Überquerung des Kanals mit vielen Soldaten und Pferden war gewiss eine große nautische Leistung, doch der normannische Herzog folgte nur den Spuren Caesars, der schon rund 1100 Jahre zuvor diesen Weg nach England mit einer ähnlich großen Reitertruppe wagte. Kühner noch waren Wilhelms Vorfahren, die Wikinger, die Ende des 9. Jh. mit ihren Langbooten (23 m) im stürmischen Nordatlantik Pferde und andere Haustiere von Norwegen oder den schottischen Inseln nach Island transportierten.

Schon im Altertum standen im Mittelmeer Pferde auf schwankenden Planken von Fähren und Schiffen, z. B. während der Perserkriege im 5. Jh. v. Chr. oder auf dem Weg zu Pferderennen in Olympia. Zu Zeiten der Kreuzzüge lebte der Seetransport auf: Richard Löwenherz ließ Ende des 12. Jh. Schiffe mit je 40 Pferden von England ins Mittelmeer bringen, in engen Gestellen, mit einem Leinentuch unterm Bauch zum Abfedern der Wellenstöße, eine Technik, die schon die Römer kannten. Nach der Fahrt von Sizilien nach Zypern waren die Pferde »steif, starr und schwindlig« und mussten pausieren.

Mit der Entdeckung neuer Seewege und Kontinente um 1500 lernten Pferde alle Weltmeere kennen – als Begleiter von Auswanderern, als Handelsgut oder als Kriegswaffe. Die Reise unter Deck in engen Gestellen und schlechter Luft war oft lebensbedrohend und tödlich. Um 1900 verschifften die Engländer während des Burenkrieges rund 150 000 Pferde nach Südafrika, im 1. Weltkrieg überquerten etwa $1/2$ Mio. Pferde den Atlantik von Nordamerika nach Frankreich.

Als Pferde fast ohne Verluste über See transportiert werden konnten, gingen sie in die Luft. Einen ersten Hopser hatte 1828 schon Mr. Green in England gewagt, der auf dem Rücken seines Ponys in einem Ballonkorb in luftige Höhen stieg. Realisiert wurde der Traum vom Pegasus in den 20er Jahren des vergangenen Jahrhunderts. Die erste Luftbrücke für Equiden startete 1944, als rund 5000 Maultiere mit Lastenseglern in Burma hinter japanischen Kampflinien abgesetzt wurden. Heute sind Interkontinentalflüge Routine: Mehrere Tausend Pferde jetten jährlich von Kontinent zu Kontinent, beflügelt durch Sport und Zucht.

Für Pferdetransporte über Land gab es früher kaum einen vernünftigen Grund, denn die Tiere hätten sich ja selbst befördern müssen. Doch für Eliten galten schon immer Ausnahmen: Königin Anna von England, ein begeisterter Turf-Fan, ließ Anfang des 18. Jh. ihre Rennpferde bis an die Startlinie kutschieren.

Die Eisenbahnen öffneten neue Transportmöglichkeiten, von Händlern und Militärs schnell genutzt. 800 Jahre nach Hastings, 1866, fuhren preußische Kavalleriepferde auf der Schiene ins Feld, Richtung Königgrätz.

Etwa 50 Jahre später entwickelte der Krieg ein neues Beförderungsmittel: Für den Abtransport verwundeter Pferde sorgten Wagen mit aufklappbaren Wänden, die, von Motorfahrzeugen gezogen, rasch aus der Gefahrenzone entfernt werden konnten. Heute sieht man diese Form des Pferdetransports auf allen Straßen, in jeder Hinsicht perfektioniert.

Während des 19. Jh. gingen Pferde auch in die Tiefe. In Kohle- und Erzgruben schwebten sie anfangs in Netzen, später in Aufzügen unter Tage, 500 m und tiefer. Schon im 17. Jh. halfen Ponys den Kumpeln in englischen Bergstollen.

»Kein Reisen ohn' Ungemach« gilt nicht nur für Menschen, sondern auch für Pferde. Globaler Verkehr bedeutet vor allem auch globales Infektionsrisiko. Verletzungen oder Verdauungsstörungen, früher ständige Begleiter bei Seereisen, sind jedoch heute dank zweckmäßiger Transportbehälter und Vorbereitung der Pferde auf einer See- oder Luftreise fast unbekannt.

An die Verbindung zwischen Pferd und Meer, als die Seefahrt noch vom Wind lebte, erinnern die Rossbreiten, jene Zonen nördlich oder südlich des Äquators, wo oft wochen- oder monatelang Windstille herrscht und manches Pferd früher verhungerte, verdurstete oder auch in der Kombüse landete.

7 Omnis nobilitas ab equo

S. di Martini adelt einen Condottiere

IM PALAZZO PUBBLICO IN SIENA bewundert auch heute noch ein internationales Publikum die gotischen Wandmalereien von Simone di Martini (um 1284–1344). Schon sein erstes Werk für das Sieneser Rathaus, die Maestà von 1315, ließ sein besonderes Talent erkennen. Die konventionelle Technik, Farben auf frischen Putz aufzutragen, verfeinerte er durch das Eindrücken vergoldeter Metallplättchen, um das Licht, aber auch räumliche Effekte zu verstärken. Im Jahre 1328 erhielt Martini, bis dahin durch sakrale Bilder in oberitalienischen Kirchen bekannt, den Großauftrag für die Sala di Mappamondo im Rathaus von Siena. Ein fast zehn Meter langes Wandfresko sollte den Sieg der Sienesen über die Pisaner und die Eroberung verfeindeter Städte verherrlichen.

Im Bildausschnitt reitet der Condottiere Guidoriccio da Fogliano hoheitsvoll durch eine kahle Landschaft, an zwei Burgen vorbei. Selten wurde ein Reiter in solchen Dimensionen abgebildet. Auch dieses weltliche Fresko offenbart die oft gepriesenen Qualitäten des Malers: zarte Linienführung, warme Farben, dekorative Details, Anmut der Bewegungen. Obwohl durch den Überwurf verdeckt, betonen die S-förmigen Blumen- und Rautenmuster auf Hals, Schulter und Kruppe die Anatomie des Pferdes. Da auch das Gewand des Reiters die gleichen Ornamente aufweist, erscheinen beide geradezu als Einheit. Der Feldherr thront im Sattel, als wolle er seine Gegner nochmals in die Schranken weisen. Das Streitross, ein Hengst mit flehmender Oberlippe, geht im versammelten Passgang, die kleinen Ohren sind aufgerichtet, das Auge, durch Sehschlitz

7 Simone di Martini: Guidoriccio da Fogliano, um 1328
  Fresko (Ausschnitt)
  Siena, Palazzo Pubblico

im Ausdruck verstärkt, unterstreicht den energischen Drang nach vorn.

In Kriegszeiten setzte sich der Ritter erst kurz vor dem Kampf aufs »hohe Ross«, auf sein Streitross, da ein langer Anmarsch in voller Rüstung, die über 100 kg schwer sein konnte, das Pferd arg belastete. Der Dexstrarius (lat. dexter = rechts) wurde von einem Reitknecht zuvor an der rechten Hand geführt, der Ritter saß auf einem leichteren Pferd, einem meist passgehenden Zelter, auch Paraveredus, später Parafredus genannt – ein Wort, das schließlich zum deutschen Pferd schrumpfte.

Die mittelalterlichen Streitrosse werden meistens als groß und mächtig gepriesen, doch dürfte ihre Widerristhöhe 1,50 bis 1,60 m kaum überschritten haben. Nicht so groß wie heutige Kaltblüter, waren sie jedoch muskulös und untersetzt, verströmten Kraft, nicht gerade Anmut. Nach neuesten Kenntnissen liegt das optimale Traggewicht für Pferde um 40 kg pro 100 kg Körpermasse, sodass Gesamtlasten einschließlich Reiter von 170 kg und mehr durchaus glaubwürdig sind.

Ritterpferde stammten überwiegend aus nordwesteuropäischen Gebieten mit maritimem Klima, von saftigen Weiden der Fluss- oder Seemarschen. Zur Veredlung waren Kreuzungen mit spanisch-orientalischen Pferden üblich, doch das Streitross musste Masse behalten, neben unbedingtem Gehorsam eine wichtige Voraussetzung für den Erfolg bei dem im Gefecht oder Turnier unausweichlichen Zusammenstoß, dem Choc. Im Sattel des Pferdes – der Sitz war zwar nur $1^1/_2$ m höher gegenüber dem Fußvolk – entwickelte sich schon in der Antike ein »höherer« Stand, die Ritter. Im frühen Mittelalter verkörperten im Frankenreich die berittenen Hofbegleiter, die Ministerialen, diese Klasse. Die Einführung des Steigbügels in Westeuropa im 8. Jh. hat dem Feudalismus aber erst endgültig in den Sattel geholfen. Omnis nobilitas ab equo – aller Adel geht vom Pferd aus (konkret: von seinem Besitz).

Die Ritterheere hatten ihre große Zeit im 12. bis 14. Jh., vor allem während der Kreuzzüge. Als das erste Schießpulver rauchte und Fußsoldaten neue Kampftechniken eingeübt hatten, verloren sie an Bedeutung. Die verstärkte Panzerung, einschließlich der Pferdeharnische, minderte die Vorteile des Reiters: Schnelligkeit und Beweglichkeit. Im Hundertjährigen Krieg zwischen England und Frankreich fiel 1415 bei Azincourt die französische Ritterschaft dem Pfeilhagel englischer Langbogenschützen zum Opfer. Und etwa 70 Jahre später fand das burgundische Ritterheer Karls des Kühnen seinen Meister in dem dicht geschlossenen Schweizer Bauernheer, das seine Piken wie Igelstacheln ausklappte.

Doch nicht allein durch kriegerische Leistungen sind Ritter und Ritterpferde in Erinnerung geblieben, vielmehr durch die ritterlich-höfische Kultur, durch prächtige Hoffeste mit Tausenden von Reitern, glänzenden Turnieren, verbunden mit Wettgesängen der Troubadoure, den frühen Liedermachern. Martinis Condottiere lässt davon schon etwas ahnen. Das Pferd war Ausgangspunkt und Zentrum dieser sich zum Kult entwickelnden Kultur. Das berühmteste Ritterpferd, Don Quijotes Rosinante, ist nur ein poetischer Nachfahr in Cervantes' Parodie (1605/1615) auf ältere Ritterromane.

Aus den Ritterspielen entwickelten sich die ritterlichen Tugenden von Ehre, Treue, Milde, Beständigkeit, Mäßigung, Zucht und Minne – Ideale, die oft vom Alltag eingeholt wurden. Zum Ritter geschlagen zu werden, bedeutete gesellschaftlichen Aufstieg. Goldene Sporen, oft von zarter Hand an die Stiefel geschnallt, waren Symbol des Ritters und begehrte Trophäen im Krieg. Nach der Sporenschlacht von Kortrijk (1302) sammelten die siegreichen flandrischen Bürger die luxuriös gestalteten Sporen von ca. 1200 erschlagenen französischen Adeligen.

Die bürgerliche Welt versuchte, ritterliches Leben nachzuahmen, u. a. in Turnieren. Die Stechbahnen, oft noch als Straßennamen erhalten, erinnern an diesen Versuch. Und auch in unserer Sprache sind Bilder aus der Welt der Ritter lebendig geblieben: für jemanden eine Lanze brechen, jemanden aus dem Sattel heben, über den Haufen reiten, in die Schranken weisen, in Harnisch bringen, einen Stich machen, mit offenem Visier kämpfen.

8 Pediküre mit heißem Eisen

J. de Grise illustriert den Alexander-Roman

IMMER WIEDER ABGESCHRIEBEN, VERÄNDERT UND AUCH VERFÄLSCHT geriet das »Buch von Alexander, dem edlen und weisen König von Makedonien« aus dem 3. Jh. n. Chr. zu einem Konglomerat von wahren und erfundenen Geschichten über den vielbestaunten Feldherrn des Altertums. Seine historischen Heldentaten genügten offenbar nicht: So fährt Alexander wie in einem U-Boot in die Tiefen der See oder wird von Adlern in schwindelnde Höhen getragen!

Bereits seit dem 4. Jh. entstanden auch bebilderte Ausgaben des antiken Textes. Das Manuskript der Bodleian Bibliothek in Oxford mit über 200 Seiten gilt als eines der schönsten Bilderbücher des Mittelalters. Der unbekannte Schreiber erzählt die Abenteuer in rhythmischen Alexandrinern – eine Versform, die wir dem französischen Alexander-Roman verdanken. Über den Auftraggeber gibt es nur Vermutungen: Edward III. von England oder David II. von Schottland. Der Illustrator ist jedoch immerhin namentlich bekannt: Jehan de (le) Grise. Der Flame arbeitete vermutlich mit einem Team zusammen, denn auf manchen Seiten finden sich noch Anweisungen für die weitere Ausführung. In dem 1344 abgeschlossenen Werk haben die Künstler nicht nur Alexanders Wundertaten illustriert, sondern auf vielen Seiten am unteren Rand auch das zeitgenössische Leben bei Hofe, von Bürgern und Bauern dargestellt.

So wird in diesen Bildern das Mittelalter in vielen Facetten lebendig: Ritterturniere und Erntearbeit, Hirsch-, Hasen- und Sauenjagd, Stelzengänger und Tanzbären – und auch der Hufbeschlag ist eine Szene wert. Den scheinen die Männer aber noch keineswegs

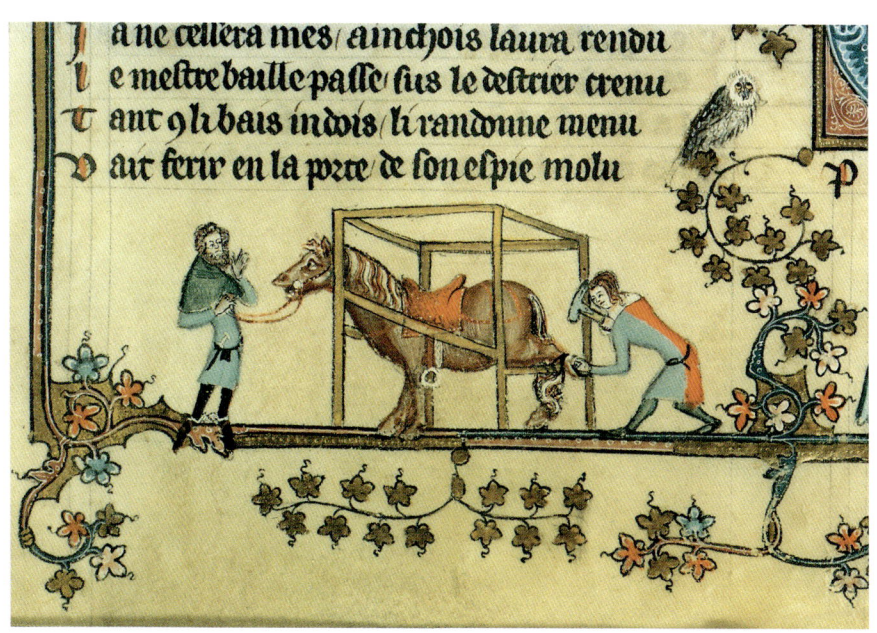

a ne cellera mes/ ainchois laura rendu
e mestre baille passe/ sus le destrier crenu
ant g li bais indois/ li randonne menu
aut ferir en la poete/ de son espie molu

8 Jehan de Grise: Beschlag eines Pferdes, um 1344
Szene aus einem illustrierten Alexander-Roman
Oxford, Bodleian Library

professionell auszuführen. Das Pferd steht in einem Zwangsstand, das linke Hinterbein über einen Balken gezogen und mit einem Seil fixiert. Zwangsstände für den Hufbeschlag sind noch aus dem 17. Jh. bekannt. In der ungewohnten Stellung scheint das Pferd – nicht überraschend – aufs höchste erregt: den Kopf vorgestreckt, die Ohren aufgerichtet, das geöffnete Maul deutet ängstliches Wiehern an, wobei der Betreuer versucht, das Pferd zu beruhigen.

Der Hufbeschlag muss damals für Mensch und Tier eine Strapaze gewesen sein. Daran erinnert die Legende von Jesus und dem Heiligen Eligius, der um 600 Bischof im französischen Noyon war und später zum Schutzpatron der Gold- und Hufschmiede und auch der Münzschneider avancierte. Seinen stolzen Wappenspruch »Meister und Meister über alle« stellte Jesus auf die Probe, indem er sich in einen Hufschmied verwandelte. Zur Erleichterung des Beschlagens schnitt er dem Pferd ein Vorderbein ab, nagelte das Hufeisen ohne Beschwerden auf und ließ das Bein wieder anwachsen. Eligius wollte es ihm gleichtun, scheiterte aber – sein Pferd verblutete.

Der Einhufer zählt zu den Zehenspitzengängern, eine Bewegungsart wie sie auch Balletttänzern temporär eigen ist. Am Ende der Gliedmaßen entwickelte sich bei den Equiden am mittleren Zehenstrahl die schützende Hufkapsel aus Keratin, einem Eiweiß, das mechanisch widerstandsfähig, zugleich aber elastisch, wasserabweisend, doch nicht spröde ist. Mehr als diese idealen Eigenschaften der Hufkapsel ist ihre Befestigung auf dem knöchernen Hufbein zu bewundern. Sie muss mit ihm fest verbunden sein, aber auch ständig nachwachsen können, um den Abrieb an der Fußungsfläche zu ersetzen. Die Huflederhaut, Mittler zwischen Knochen und Kapsel, macht es möglich. Eine enorm vergrößerte Oberfläche mit Falten und Fältchen sichert die feste Verbindung, die von oben nach unten verlaufenden Falten wirken gleichzeitig wie Gleitbahnen, durch die sich das am Kronsaumwulst gebildete neue Keratin langsam hindurchschiebt, pro Monat rd. 1 cm.

Unter natürlichen Bedingungen besteht zwischen Abrieb und Wachstum ein Gleichgewicht. Gehen Pferde aber ständig auf festen Wegen, wird mehr abgeschliffen als nachwachsen kann. Schon im Altertum beklagten große Feldherren, u. a. auch Alexander der Große, den übermäßigen Abrieb der Hufe, der die Beweglichkeit der Kavallerie einengte. Man sann auf Abhilfe. Nach Xenophon versuchten es die Armenier mit Ledertaschen, die sie wie Schonbezüge über die Hufe schoben. Andere nahmen Bast, Rinde, Ginster oder Filz, mit Bändern an den Fesseln befestigt. In römischer Zeit verstärkte man diese Hipposandalen am Boden mit Blech, bei Nero musste es Silber sein, bei seiner Frau Poppea Gold. Eine bessere und einfachere Lösung war, auf den Huf ein Eisen zu nageln. Zur Befestigung mussten durch die äußere Hornwandschicht sechs oder mehr flache Nägel getrieben werden, ohne die tiefer liegende innervierte und durchblutete Huflederhaut zu verletzen. Fehler wurden sofort offenbar: Das Pferd ging lahm, es war »vernagelt«.

Der Hufeisen-Erfinder ist nicht bekannt, nicht einmal das genaue Zeitalter. Spekulationen über Anfänge schon im klassischen Altertum sind überholt. Die Idee setzte sich offenbar erst am Ende des 9. Jh. durch. Sichere schriftliche und bildliche Quellen stammen aus dem 11. und 12. Jh. Auch die Illustration von de Grise aus dem 14. Jh. deutet auf ein noch junges Gewerbe.

Zünftiger Hufbeschlag erfordert Spezialisten, die Hufschmiede. Sie avancierten bereits im 12. Jh. zur rechten Hand der Stallmeister, den Aufsehern und medizinischen Betreuern herrschaftlicher Pferdebestände. Schon wenige Jahre nach den Bildern von de Grise entstand 1356 in London die erste Hufschmiedegilde.

Heute neigt sich die »Eisen-Zeit«, die Zeit der geschmiedeten Eisen, die rotglühend den Hufen angepasst werden, vielleicht dem Ende zu. Mit Kunststoffen, deren Eigenschaften sich dem Keratin nähern, haben die Hufschmiede kein »Eisen mehr im Feuer«. Nach Einlegesohlen aus Plastik, Hybrideisen mit Metallkernen oder aufnagelbaren Kunststoffplatten ist schon der nagellose Hufschuh, der angeklebt wird, auf dem Markt. Auch Hipposandalen, wie in römischer Zeit, erleben als leicht anschnallbare Hufschuhe aus widerstandsfähigem Kunststoff eine Renaissance. Der Beginn der Hufeisenzeit liegt im Dunkeln, ihre Zukunft auch.

9   Schimmel – Pferde der Götter

Pariser Goldschmiedekunst glänzt in Bayern

OBWOHL DER SCHIMMEL MIT DEM GOLDENEN GESCHIRR nur im Untergeschoss des kleinen Marienaltars steht, gab er dem weltberühmten Gesamtkunstwerk seinen Namen: das Goldene Rössl. Das 62 cm hohe Juwel aus Gold, Silber, Edelsteinen und Perlen schenkte die Königin Isabeau aus bayerischem Geblüt zum Neujahrstag 1404 ihrem Mann, König Karl VI. von Frankreich, der damals schon von Wahnsinnsschüben heimgesucht wurde. Vielleicht sollte diese fromme Pretiose der Gesundheit des Königs und dem Frieden in der Familie dienen. Mit beidem stand es nicht zum Besten.

Doch das Meisterwerk blieb nicht lange in Frankreich. »Schon 1405 ging es als Pfand an die Wittelsbacher, von ihnen 1509 als Zahlung für früher entnommene Kriegsanleihen an die Gnadenkapelle in Altötting«, wie die Annalen der Heiligen Kapelle dokumentieren. Dort wird es noch heute verwahrt, strahlend schön nach einer gründlichen Restaurierung vor einigen Jahren, bei der man entdeckte, dass das aus neun Teilen zusammengesetzte Gerüst seinerzeit dank einer neuen Technik fast vollständig mit einer Haut aus schneeweißem Emailschmelz überzogen worden war, besonders dick an Mähne und Schweif.

Auch ohne königlichen Reiter symbolisiert das Goldene Rössl im Marienaltar imperiale Macht. Der wartende Reitknecht erinnert mit seinen großen, unterschiedlich gefärbten Stiefeln und den umsäumten Kleidern eher an einen Harlekin. Das stämmige Pferd zählt zu den großrahmigen Streitrössern des späten Mittelalters, wie sie auch Bilder und Skulpturen der Zeitgenossen Fabriano, Pisanello und

9 Das Pferd des französischen Königs Karl VI., um 1404,
Detail vom Goldenen Rössl
Gold und Emaille, Höhe 14,7 cm, Länge 15,6 cm, 438,8 g
Altötting, Schatzkammer der Heiligen Kapelle

Donatello überliefern. Kopf und Hals sind wohl proportioniert. Die Augen mit bläulicher Iris und dunkler Pupille deuten auf ein weißgeborenes Pferd. Die abschüssige Kruppe erinnert an das schwere Pferd der Marschen. Die Beinstellung hat der Goldschmied nicht richtig koordiniert, hinten geht das Pferd im Schritt, vorn steht es steif und vorständig auf der Stelle. Die hellen Hufe tragen goldene »Eisen«. Das weit aufgerissene Maul wirkt befremdlich, nicht typisch für Hengstgebaren. Trense, Zügel, Brust- und Hinterhandriemen sind aus kostbarem Gold, ebenso der flache, für Ritterpferde nicht typische Sattel mit blumenverzierter Decke.

Schimmel als Begleiter der Götter und Heroen wurden in vielen Völkern verehrt. Am griechischen Himmel fuhr der Sonnengott mit einer Schimmelquadriga von Ost nach West, wie die Sonne. Bei indogermanischen Völkern waren die Schimmel Symbole des Lichts, des Tages und der Sonne. Der Sturmgott Wotan ritt auf seinem achtfüßigen milchweißen Sleipnier. In altgermanischen Hainen wurden Schimmel als gottähnliche Geschöpfe, als Mitwisser Gottes verehrt; aus ihrem Wiehern, Schnauben und Stampfen ließ sich die Zukunft ableiten. Auch Kaiser und Päpste wählten Schimmel als Reittiere, als piédestal des rois, um ihre Macht aus göttlicher Hand zu demonstrieren. Schimmel standen in geheimnisvoller Weise mit den Elementen in Verbindung. Nach einer norddeutschen Sage sprang ein Schimmelreiter, ein Deichgraf, mit seinem Pferd in die rasenden Fluten, um sie zu beruhigen – Vorbild für Storms Novelle von 1888.

Aus biologisch-biochemischer Sicht ist die Schimmelzeichnung ein Defekt. Ein dominant wirkendes Gen reduziert die Pigmente in Haut und Haar mit fortschreitendem Alter. Fohlen, die später Schimmel werden, besitzen bei der Geburt zunächst noch die normalen Grundpigmente (schwarz, rot oder braun). Mit jedem Haarwechsel geht die Pigmentierung zurück, nach spätestens zehn Jahren sind alle Haare weiß. Apfel-, Rot-, Grau-, Fliegen-, Forellen- oder Milchschimmel sind weitere genetisch gesteuerte Varianten.

Durch ein anderes dominant wirkendes Gen kann die Pigmententwicklung vollständig unterbunden werden. Fohlen mit einfacher Dosis dieses Gens werden dann schon weißgeboren, ihre Haut ist rosa. Ein Rest von Pigmenten bleibt meistens noch in der Netzhaut und den hinteren Blättern der Regenbogenhaut, die dann bläulich wirkt. Bei echten Albinos mit vollständigem Pigmentverlust leuchtet das Auge dagegen wegen der unverdeckten Blutgefäße rot wie beim Angorakaninchen.

Die Semialbinos (Equi candissimi) – dazu zählte offensichtlich auch das Goldene Rössl – waren bei Potentaten begehrt. Dänische, aber vor allem die hannoversch-englischen Könige züchteten sie im 18. und 19. Jh. Der Erfolg hielt sich in Grenzen, denn in doppelter Dosis bewirkt das Gen für weiß mehr als einen Pigmentverlust: den Tod des Embryos. Der letzte weißgeborene Hengst aus dem hannoverschen Gestüt in Herrenhausen endete 1895 beim Rossschlachter, sein Schweif (»so rein wie frischer Schnee«) als Wandschmuck in einem Gasthaus.

Gelegentlich hat das Wappentier des hannoverschen Königreichs durchaus Eindruck gemacht. Ein Gesandter von König Georg III. erreichte mit seinem weißen Hengst bei der Kaiserkrönung von Franz II. in Frankfurt (1792) mehr Aufmerksamkeit als die Hauptperson. Und Napoleon ließ 1803 Weißgeborene von Hannover für eine Siegesparade nach Paris bringen. Aus der Schau wurde allerdings nichts, die Pferde gingen durch. Wahrscheinlich hatte man übersehen, dass die auch als Kakerlaken (lichtscheue Küchenschaben) bezeichneten Pferde besonders lichtempfindlich sind und deshalb in Hannover stets große Scheuklappen trugen.

Das Wort Schimmel leitet sich von Schimmer ab, der majestätisch, geheimnisvoll, aber auch gefährlich sein kann – ganz wie Mensch oder Natur belieben.

10 In den Sielen

Gebrüder Limburg preisen das Landleben

DIE BRÜDER LIMBURG – Paul, Jan und Hermann (um 1400) – zog es nach Paris, später nach Burgund an den Hof von Philipp dem Kühnen und 1404 zum Herzog von Berry. Als Hofmaler schildern sie vor allem die Welt der Adeligen und das Leben auf dem Lande, illustrieren aber auch religiöse und mythologische Themen. In ihrem bekanntesten und schönsten Werk, dem Stundenbuch »Les très riches heures du Duc de Berry«, steht die Landwirtschaft im Vordergrund, die wichtigste Quelle mittelalterlichen Wohlstandes.

So auch im Monatsblatt Oktober: Die Bauern säen und eggen. Die Saat, kaum ausgestreut, muss vor räuberischen Elstern durch Netze und Vogelscheuchen geschützt werden. Vor der Egge geht ein mittelgroßer stämmiger Ackergaul, vom Typ eines Kaltblüters. Durch das gut gepolsterte Kummetgeschirr, die lange, unten geschlitzte Decke und die ummantelten Stränge wird die Haut sorgfältig geschützt. Es hat lange gedauert, bis man für das Pferd die passende Anspannung fand: in Europa zunächst das Kummet-, später auch das Sielengeschirr, das in China schon 500 v. Chr. bekannt war. In der Miniatur ist der Bauer aufgesessen und wird bei der schweren Zugarbeit keine Mühe haben, sein Pferd im Zaum zu halten, auch ohne Kandare, die eher dem Ritterpferd anstand.

In den Bildern der Limburgs überraschen die minutiös und realistisch gezeichneten Details. Malerische Phantasie signalieren die blauen und roten Farben der Bauernkleider, der Kontrast zum Weiß des Kornsacks oder der Pferdedecke ebenso die symmetrische Tiefenstaffelung der Figuren vor dem durch eine Baumkulisse teilweise

10 Brüder Limburg: Monat Oktober aus dem Stundenbuch
»Les très riches heures du Duc de Berry«, um 1410
Malerei auf Pergament (Ausschnitt)
Chantilly, Musée Condé

abgeschlossenen Hintergrund. Die Gebrüder sind Vorläufer eines neuen Realismus, der sich wenige Jahre später bei dem großen flämischen Erneuerer Jan van Eyck entfaltet.

Die Vorstellung einer innigen Verbindung von Pferd und Landwirtschaft, wie sie im mährischen Volkslied »Im Märzen der Bauer die Rösslein anspannt« aus dem 19. Jh. anklingt, gilt in Mitteleuropa schon seit 30 bis 50 Jahren nicht mehr – sie war aber auch in früheren Jahrhunderten nicht ganz zutreffend. Erst vom 12. und 13. Jh. an löste das Pferd hierzulande allmählich Ochse und Kuh als Zugtier ab, allerdings zählte das Deutsche Reich 1940 neben etwa 3 Mio. Pferden noch rund 2,4 Mio. Zugkühe und 0,5 Mio. Zugochsen. In der Dritten Welt stellen die Equiden (Pferd, Esel, Maultier) heute nur 7 % der Zugtiere, meist sind hier Rinder, Büffel oder Kamele im Geschirr.

Das Pferd hatte in der Landwirtschaft Vor- und Nachteile: Es war schneller, wendiger, wohl auch lernfähiger als der Ochse, jedoch in Pflege und Fütterung anspruchsvoller. Der Ochse wuchs als Schlachttier ins Geld, das Pferd verlor mit dem Alter an Wert. Ochsen waren die besseren »Verbrennungsmaschinen« für Gras oder Heu, Pferde für Hafer. Um die für ein Jahr notwendige Hafermenge zu produzieren, gingen 0,3–0,5 ha Ackerfläche für den Anbau von Brotgetreide verloren. Doch bei aller Sparsamkeit des Bauern, bei der Alternative Pferd oder Kuh vor Wagen oder Pflug entschied er sich, wenn irgend möglich, gegen die strikte Ökonomie. Der Kuhbauer blieb im sozialen Prestige immer weit unter dem Pferdebesitzer. Der im späten Mittelalter zunehmende Bedarf an Pferden für Krieg und Handel begünstigte die landwirtschaftliche Pferdehaltung, denn der Landmann konnte seine Arbeit mit der Pferdezucht vorteilhaft kombinieren. Gestütshaltung blieb nur wenigen Feudalherren vorbehalten.

In der Ackerkultur zogen Pferde zunächst Egge und Pflug. Das Eggen ging dem Pflügen voraus, denn bei nur mäßigem Tiefgang der frühen Pflüge konnte mit der Egge das Unkraut wirksamer unter Kontrolle gehalten werden. Eine schon im 2. Jh. v. Chr. in China benutzte Sämaschine, ebenso eine von den Römern entwickelte, von einem Maultier geschobene Mähmaschine mit Klingen an der Stirnseite (auf einem Sandsteinrelief im Mainzer Römisch-Germanischen Museum) fanden im Mittelalter keine Nachfolger. Erst 1831 führte McCormick in Virginia den ersten pferdebespannten Getreidemäher der Welt vor, etwa 50 Jahre später lief dann ein Mähdrescher über amerikanische Felder, von 30 bis 40 Pferden oder Maultieren gezogen.

Mit der Intensivierung der Landwirtschaft im ausgehenden 18. Jh., mit tiefer Pflugkultur, mit hohen Lasten auf schweren Böden, z. B. beim Zuckerrübenanbau, waren kräftige »Zugmaschinen« gefragt, »stark wie Ochsen, flink wie Ponys«. Gewicht muss durch Gewicht bewegt werden, hieß eine Regel. Jetzt begann die große Zeit der Kaltblüter, u. a. der Brabanter, Belgier, Ardenner. Mit 1,70–1,80 m Widerristhöhe und bis zu 1100 kg erreichen sie kurzfristig eine Zugkraft (in Newton) bis zum 10fachen ihrer Körpermasse (in kg).

An die Leistung der Pferde erinnerte im technischen Zeitalter noch lange die Bezeichnung Pferdestärke (PS). Für die Hauptfigur in Bergengruens Erzählung »Der letzte Rittmeister« (1952) ein bezeichnendes Indiz: »Man gibt damit zu, dass das Pferd das Eigentliche und der Motor die Imitation ist«.

Zu dieser Zeit hatte das Pferd aber wie in anderen Bereichen auch in der Landwirtschaft bereits ausgedient, sich selbst überflüssig gemacht. Nur mit seiner Hilfe war die Lebensmittelproduktion während des 19. Jh. so weit erhöht worden, dass sich die technisch-industrielle Revolution entwickeln und schließlich die Konkurrenz, den Motor und Traktor, hervorbringen konnte. Der Mohr hatte seine Schuldigkeit getan, doch diesmal musste er nicht gehen: In Sport und Freizeit begann das Pferd eine neue Karriere, in der es mehr als nur 1 PS bedeutet.

11 Vom Hafer- zum Verbrennungsmotor

J. Brueghel kennt auch die Strapazen der Straße

EINER DER SÖHNE DES LEGENDÄREN NIEDERLÄNDERS Pieter Breughel, Jan Brueghel (1568–1625), ist durch seine subtil gemalten Blumenstilleben als Blumen-Brueghel berühmt geworden. Doch mit ebenso feinem Pinsel und großer Detailliebe widmete sich der Maler des Brüsseler Hofes der Landschaft sowie dem Leben auf Straßen und Wegen – sicher aus eigenen Erfahrungen, war er doch in jungen Jahren mehrfach auf Reisen in Italien und Deutschland unterwegs. So wundert es nicht, dass oft pferdebespannte Fahrzeuge an Dorfeingängen, Wirtshäusern, Tränken, Umschlagplätzen in Häfen oder auf Waldwegen Mittelpunkt seiner Landschaftsbilder sind.

Das Gemälde von der belebten Waldstraße (1605) zeigt eine realistische Momentaufnahme vom Straßenleben vor dem 30-jährigen Krieg. Der stark befahrene Weg mit trockenen Rändern, aber auch tiefen Pfützen windet sich durch einen lichten Laubwald. Erst wenn die Löcher auf Landstraßen tief ausgefahren waren, wurden sie mit Ästen und Steinen gefüllt, dann ging es »über Stock und Stein«. Gleich fünf verschiedene Fahrzeuge – offene und verdeckte Planwagen – versuchen, im Slalom den Weg in verschiedenen Richtungen zu bewältigen. Das Licht trifft auf den Wagen mit drei Pferden. Das vordere Pferd wirkt noch frisch, die beiden Stangenpferde eher abgetrieben. Auf dem schlammigen Weg sinken die Radfelgen ein, ebenso die müden Hufe der Pferde. Ihre Bewegungsabläufe im Schritt werden vom Maler richtig erfasst. Die Kummetgeschirre scheinen kräftig gepolstert, eine Notwendigkeit, um bei schlechter konditionierten Pferden Scheuerstellen zu vermeiden. Wenige Jahre später

11 Jan Brueghel d. Ä.: Belebte Waldstraße, 1605
Kupfer, 25,4 x 35,8 cm
München, Alte Pinakothek

(1611) skizzierte Brueghel auf einem fast identischen Waldweg die Aufregungen beim Achsenbruch und Sturz eines Pferdes, damals kein seltenes Ereignis.

Der Mensch, von Natur aus Fußgänger, hat lange warten müssen, bis er – wie in Brueghels Bild – sich selbst oder seine Güter über Land transportieren lassen konnte. Zugarbeit war Pferden aber zunächst erspart geblieben. Von der Frühzeit bis zur klassischen Antike dienten dazu die »Proleten« unter den Zugtieren: Ochse, Maultier, Esel. Mit dem Zusammenbruch des römischen Reiches änderte sich das zunächst wenig. Karl der Große soll, wenn das Reiten zu schwierig wurde, seinen Hofstaat auf Ochsenwagen bewegt haben. Wo immer möglich, benutzte man in Mitteleuropa Flüsse zum Transport. Wenn die Strömung fehlte oder entgegenstand, mussten Menschen oder Pferde nachhelfen, auf Treidelwegen entlang der Wasserläufe. Diese Transportart hatte erhebliche Vorteile: Auf einer Tagesstrecke von 20 bis 30 km konnte ein Pferd im Boot rd. 4 t bewegen, auf einem Wagen allenfalls 0,5 bis 1 t. Den Engländern hat Adam Smith (1723–1790), der Begründer der Nationalökonomie, vorgerechnet, wieviel günstiger der Schiffs- gegenüber dem Pferdetransport war. Doch Mitteleuropäern blieb vielfach nur der Landweg.

Brueghel vermittelt die Mühsal des Fahrens und Reisens. Reisen wird von Reiten abgeleitet, wohl zu Recht, denn das Reiten wurde lange dem schwerfälligen Wagentransport vorgezogen. Erst im 15. Jh. hingen Wagenkästen zur besseren Federung an Lederriemen, angeblich zuerst im ungarischen Ort Kocs, dem Namensgeber für Kutsche. Doch komfortablere Fahrzeuge, die bis zu Beginn des 20. Jh. auch für Spezialaufgaben entwickelt wurden – z. B. Kaleschen, Cabriolets, Dogcarts, Phaetons, Sulkies oder selbst Dormeusen (Schlafwagen) –, blieben den Begüterten vorbehalten. Auch die ab Mitte des 17. Jh. verstärkt eingesetzten öffentlichen Reisefahrzeuge glichen nicht gerade Sänften.

Um 1800 gab es in Mitteleuropa bereits gut ausgebaute Verkehrssysteme, die Pferdekraft nutzten. Im Jahr 1784 gingen z. B. von London aus wöchentlich 5800 Wagen sternförmig über die Insel. Die Geschwindigkeit steigerte sich von 1750 bis 1830 von 6 auf 15 km pro Stunde.

Mit dem Bau der Eisenbahnen drohte im Verkehrswesen das Ende für Pferde, wie Heinrich Heine um 1842 in einem Gedicht prophezeite:

Uns Pferde tötet die Konkurrenz
von diesen Dampfmaschinen.
Zum Reiten, zum Fahren wird sich der Mensch
des eisernen Viehs bedienen.

Doch durch den zunehmenden Fernreise- und Güterverkehr per Bahn profitierte das Pferd zunächst im städtischen Bereich: vor Pferdebahnen und Pferdeomnibussen, vor Droschken und Fuhrwerken. In London bewegten um 1900 rd. 300 000, in New York 128 000 Pferde den Nahverkehr. Der Umschwung kam, als nach 1880 die ersten elektrisch betriebenen Bahnen verkehrten und wenige Jahrzehnte später das Autombil auf den Plan trat. Die Benzinkutschen wurden zunächst als sehr »saubere« Verkehrsmittel begrüßt, denn Kot, Harn, Gase, unangenehme Gerüche, Fliegen und tote Pferde hatten zuvor das städtische Milieu keineswegs zu einem Luftkurort gemacht.

Pferdekraft war aber auch am Anfang der technisch-industriellen Entwicklung für stationäre Antriebsmaschinen gefragt. Denn lange bevor die Dampfkraft Ende des 18. Jh. ihren Siegeszug antrat, zogen Pferde den Göpel, um Wasserschöpfräder, Mühlen, Walzen, Spinnräder oder Webstühle in Gang zu halten

Zwischen 1900 und 1910 erreichte die Pferdezahl weltweit mit rund 110 Mio. ein Maximum, heute sind es ca. 60 Mio., ähnlich wie zu Beginn des 19. Jh. Um 1900 war der Mensch stärker als jemals zuvor vom »Hafermotor« abhängig.

Das Pferd hat mehr als 5000 Jahre dem Menschen gedient, seine Güter transportiert, seine Beweglichkeit erhöht und seine Maschinen angetrieben. Doch schon nach 100 Jahren Motorisierung erscheint dies fast wie eine Episode.

12 Spiel zu Pferde

Aus der Zauberwelt der Moghul-Malerei

SELTEN STANDEN MACHT UND MALKUNST in so enger Verbindung wie bei den Moghul-Kaisern in Indien. Akbar der Große (1556–1605) gilt als Begründer des Moghul-Reiches, nachdem sein Großvater Babur, ein Nachfahr der wilden mongolischen Reiterführer Dschingis Khan und Timur, aus dem Norden kommend in Indien eingefallen und 1526 mit seinem Sieg über den Sultan von Delhi ein eigenes Reich aufgebaut hatte.

Während seiner 50-jährigen Herrschaft hat Akbar es konsolidiert und durch Toleranz und Weitblick die Kultur von Muslims und Hindus zu verschmelzen versucht, nicht zuletzt in Malerwerkstätten, in denen Künstler verschiedener Herkunft gemeinsam Neues schufen, die Moghul-Malerei. Sie erreichte ihre höchste Blüte und Verfeinerung unter Akbars Sohn Jahangir (1605–1627) und dem Enkel Shagahan (1627–1657).

Den Miniaturmalern gelangen mehr als realistische Abbilder. Höchste technische Perfektion war Voraussetzung, das Wesen der Dinge zu erfassen. Berichte vom »Einhaar«-Pinsel mögen erfunden sein, doch die Fähigkeit, z. B. auf einem Reiskorn ein Polo-Spiel wiederzugeben, spricht für eine akribische Malweise.

Unter Jahangir, einem Kaiser mit sicherem künstlerischen Gespür, wurde die Malkunst noch freier, üppiger und raffinierter. Der (unbekannte) Prinz zu Pferde bietet dafür ein Beispiel. Er reitet über einen Blütenteppich von Narzissen und Mohn, umrahmt von Spitzahorn und Zweigen. Über allem liegt eine spielerische Eleganz. Der Reiter – mit nach innen gekehrtem Blick, Pfeil und Bogen wie ein

12 Ein Prinz zu Pferd, um 1610
Jahangir-Periode, Muhammed Ali zugeschrieben
Albumblatt, 19 x 16,2 cm
Genf, Sammlung des Prinzen und der Prinzessin Sadruddin Aga Khan

Spielzeug haltend – folgt nicht zielstrebig einem Jagdobjekt; der Hengst, am feinen Zügel locker gehalten, scheint auf der Stelle zu tänzeln, ohne Drang nach vorn.

Reiter und Pferd bilden eine bunte Einheit, fast wie im Märchen »Tausendundeine Nacht«. Die rote Jama-Jacke (ein am Hof getragener langer Überrock) korrespondiert mit den roten Beinen und der roten Schwanzspitze des Apfelschimmels, gefärbt mit Henna, dem Farbstoff aus der Wurzel *Lawsonia inermis* – eine Mode, die mit den Türken im 16. Jh. über den Balkan zunehmend auch nach Mitteleuropa vordrang. Die Muster der Fesselschoner aus Goldbrokat kehren an der Satteldecke, am Zaumzeug, auch an der Schärpe wieder. Der schwarze Schopf des Pferdes, durch einen Federbusch verstärkt, findet ein Pendant in den zierlichen Federn am Turban des Reiters.

Nach Indien kamen die ersten Pferde mit arischen Völkern im 2. Jtd. v. Chr. Doch bot der Subkontinent, die Trockengebiete des Nordwestens ausgenommen, Pferden wegen des ungünstigen Klimas keine ideale Heimstatt. Ständige Ergänzung des Bestandes blieb notwendig, vorwiegend aus den pferdereichen nördlichen Ländern. Das stolze Ross des Prinzen kann keiner heutigen indischen Rasse zugeordnet werden. Zu viele Pferde sind – auch später noch – nach Indien eingewandert. Der muskulöse Körper und die abgerundete Kruppe erinnern an die üppigen Formen europäischer Barockpferde, doch der schlanke Hals mit dem langen trockenen Kopf und der leicht konvexen Nasenlinie sprechen für arabisches oder turkmenisches Blut.

Pferde wurden durch den Menschen zu Kosmopoliten. Sie bevölkern heute alle Erdteile. Aus dem ursprünglichen Verbreitungsgebiet, dem eurasischen Kontinent von der iberischen Halbinsel bis zur Mongolei, zwischen dem 40. und 55. Grad nördlicher Breite, wanderte das Pferd mit seinen Herren vor allem nach Süden, nach China, Indien, Hinterindien, im 1. bis 3. Jh. n. Chr. bis zu den großen Sundainseln. Dort konnte es sich nur in verzwergter Form halten, obwohl durch arabischen Handelseifer immer Nachschub von Übersee kam. In südwestlicher Richtung erreichte das Pferd über das Zweistromland schon im 2. Jtd. v. Chr. Ägypten. Vermutlich begann damals bereits die Zucht des edlen Arabers auf der trockenen arabischen Halbinsel. Im 1. Jtd. v. Chr. hatten die Pferde in Nordafrika den Atlantik erreicht und sich auch im nördlichen Saharagebiet ausgebreitet. Der tropische Regenwald bildete jedoch eine Barriere, in den Randzonen hielten sich allenfalls Ponyrassen. Bei hohen Temperaturen und hoher Luftfeuchtigkeit funktioniert die für Pferde typische Regulierung des Wärmehaushalts durch Schweißbildung nicht. Überdies verhinderten meist tödlich endende Infektionskrankheiten weiteres Vordringen, z. B. die durch Protozoen verursachte und durch die Tsetse-Fliege übertragene Nagana oder die von blutsaugenden Insekten weitergegebene afrikanische Pferdesterbe, eine Virusinfektion. Erst 1653 landeten die ersten Pferde an der Südspitze Afrikas, am Kap. Australien sah Pferde erstmals 1788, 30 Jahre später Neuseeland.

Indiens Pferde haben trotz der Ungunst des Klimas in den Annalen der Pferdegeschichte einen sicheren Platz: als Mittler des Polospiels nach Europa, des Hockeys vom Pferderücken, des Spiels der Kentauren. Ballspiele im Galopp waren schon bei den alten Reitervölkern der Steppe bekannt. Sie fanden zu Beginn der Moghul-Zeit in Indien noch eifrige Anhänger. König Akbar soll einen phosphoreszierenden Ball erfunden haben, damit auch nachts noch gespielt werden konnte. Mit abnehmendem Glanz der Kaiser sank auch das große Spiel zum kleinen Volkssport; in Dörfern des Manipur, im Nordosten Indiens, überlebte es. Der harte Ball stammte aus der tibetanischen Nachbarschaft, ein Wurzelholz, Pulu genannt. 1835 entdeckte ein britischer Offizier das dörfliche Vergnügen. Was konnte einen von zeitweiligen Mußestunden geplagten Militär mehr faszinieren als ein Spiel zu Pferde? Es machte unter Offizieren rasch Karriere, ja wurde gefördert im Sinne reiterlicher Weiterbildung. Bei dem temporeichen Sport mit Spitzengeschwindigkeiten bis 60 km pro Stunde konnte niemand behaupten, die Militärs würden eine ruhige Kugel schieben. Die große Zeit des Polospiels, als um 1900 Industrielle oder Maharadschas eigene Teams unterhielten, ist fast verweht. Doch für den kleinen Mann, ob er Sport treibt oder nicht, blieb weltweit etwas vom großen Spiel: das Polohemd – einst für schweißtriefende Schläger zu Pferde kreiert.

13   Pferde aus Licht und Schatten

J. G. de Hamilton – Modemaler im Barock

SEINE ART GEFIEL DEN WIENERN. Als der Brüsseler Maler Johann Georg de Hamilton (1672–1737) mit Mitte Zwanzig in die österreichische Hauptstadt kam, avancierte er schnell zum Liebling der höfischen Gesellschaft, die seine Bilder über Pferde, Hunde, Jagd, Tierhetzen, Reitställe u. a. sehr goutierte. In Diensten mehrerer Fürsten, fiel bald auch die kaiserliche Gunst auf ihn. Karl VI. ernannte ihn zum Hofmaler; 1707 war er bereits Mitglied der Wiener Akademie.

In der »Kaiserlichen Reitschule« porträtierte Hamilton die eleganten Pferde seiner Zeit, bekannt auch aus Bildern seines Zeitgenossen J. E. Ridinger (1698–1767). Diese Pferde spanischer Abstammung lösten nach den Verwerfungen des 30-jährigen Krieges die schweren Ritterpferde ab und schmückten die Höfe vieler mitteleuropäischer Potentaten, dank der Verbindungen der Habsburger zur iberischen Halbinsel auch die Reitställe Wiens.

Die Körperformen der barocken Pferde sind unverkennbar: der elegant gebogene, sich nach oben verjüngende Hals, der ramsnasige Kopf mit kurzen, hochangesetzten Ohren, die kräftige Bemuskelung an Schulter und Nachhand bei gleichzeitig grazilem Skelett. Diese Naturgaben fanden ihre Vollendung in sorgfältig gepflegten Haaren von Schweif und Mähne, am Hals geflochten und mit Schleifen verziert. Unter den heutigen Rassen erinnern die Lipizzaner an diesen Typ, deren Dressuren in der von Fischer von Erlach erbauten Wiener Winterreitschule (heute Spanische Hofreitschule) immer wieder begeistern.

13 Johann Georg de Hamilton: Die Kaiserliche Reitschule in Wien,
1700/1703
Öl auf Leinwand (Ausschnitt)
Schloss Vaduz, Sammlungen des Fürsten von Liechtenstein

Das barocke Pferd sollte auch durch extravagante Farben und Abzeichen auffallen. Der Maler führt zwei typische Vertreter vor: Isabellen und Schecken. Die Isabellenfarbe wird – wenig charmant – mit der Tochter Donna Clara Eugenia Isabella des spanischen Königs Philipp II. (1556–1598) in Verbindung gebracht, die unvorsichtigerweise gelobt haben soll, ihr Hemd nicht eher zu wechseln, bis ihr Gemahl Albrecht von Österreich das belagerte Ostende eingenommen habe. Er brauchte dazu drei Jahre.

Auffallend ist der im Vordergrund stehende Schecke, damals als Tiger-, heute – zoologisch richtiger – als Leopardenschecke bekannt. Diese Zeichnung bewirkt ein seltener Erbsprung, der auch bei Wildpferden vorkommt, allerdings ohne große Chancen zum Überleben, denn ein auffälliges Exterieur wird in der Steppe eher zur Beute von Raubtieren. Doch der Mensch liebt das Absonderliche, hegt und vermehrt solche Mutanten, wie schon frühe Abbildungen aus China, Ägypten oder Persien zeigen. An barocken Höfen mit Vorlieben für Pomp und Glanz, Farben und rauschende Feste lieferten Schecken willkommene Farbtupfer. Doch über Geschmack ließ sich schon immer streiten. So rieten z .B. die Araber: »Meide den Schecken, denn er ist der Bruder der Kuh«. Hierzulande urteilt der Volksmund kurz und bündig: »Narren und Gecken reiten auf Schecken«.

Wenn die Natur nicht alle Wünsche erfüllte, versuchte man nachzuhelfen. Schon Wolfram von Eschenbach (um 1200) berichtet im mittelalterlichen Epos »Parzifal« von Pferden mit roten Ohren. Bei Hartmann von der Aue (12. Jh.) hatte Enites Pferd eine weiße und eine rote Seite, getrennt durch einen grünen Strich, der vom Maul bis zum Schwanzansatz reichte und auch die Augen umkreiste. Die Färbetechnik sollen die Kreuzritter aus dem Orient mitgebracht haben, andere Quellen nennen vor allem die Türken nach ihrem Vordringen auf den Balkan als Mittler dieser Kunst Die meisten Rossarzneibücher des 16. bis 18. Jh. lieferten Rezepte, wie man Pferde rot, grün, gelb oder braun färben konnte. Auch weiße Abzeichen ließen sich anbringen, allerdings nur mit rabiaten Mitteln, so dass der Rossarzt Mang Seuter 1588 zugab: »Dises ain misslichs ding«.

Heute können bestimmte Farben dank fortschreitender Kenntnisse über die Vererbung von Farben und Zeichnung züchterisch erreicht oder erhalten werden. Noch sind nicht alle Geheimnisse gelöst, wie die Natur ihre Farbpalette mischt. In den Pigmentzellen der Haut, den Melanozyten, werden zwei Farbstoffe, Eumelanin (schwarz oder braun) und Phäomelanin (rot oder gelb), produziert. Verschiedene Gensysteme bestimmen die Farben am Körper oder der Langhaare (Schopf, Mähne, Schweif), aber auch ihre Verteilung auf der Körperoberfläche. Weitere Gene vermögen die Grundfarben durch Pigmentverdünnung aufzuhellen, z. B. die dunkle Farbe der Langhaare beim Falben bis zur Isabellenfarbe. Auf Grund der Genkombination bei Füchsen, Rappen oder Braunen ist heute sicher, dass aus der Paarung Fuchs x Fuchs stets Füchse, Rappe x Rappe Rappen oder Füchse und Brauner x Brauner alle Grundfarben auftreten. Bei Schecken rätselt man noch, ob während der embryonalen Entwicklung die Wanderung der Pigmentzellen aus ihrem Muttergewebe im Rückenmark gestört ist oder ob die Melanozyten später nur in bestimmten Hautbezirken aktiviert werden.

Die Entstehung charakteristischer Abzeichen, z. B. am Kopf oder an den Beinen, hängt auch von nicht-genetischen Faktoren ab. Eineiige Zwillinge, die beim Pferd spontan nicht vorkommen, aber 1984 durch Klonen befruchteter Eizellen erzeugt werden konnten, hatten trotz identischer Genausstattung keine übereinstimmenden Abzeichen.

Die für die Vielfalt von Farben und Zeichnungen verantwortlichen Gene haben auch ihre Kehrseite. Sie wirken oft noch auf andere Gewebe, z. B. Hör- oder Sehnerven – bei Pigmentverlusten meistens negativ. Das dominante Gen für Weiß (W) ist in doppelter Dosis sogar tödlich. Was an der Oberfläche so bunt schillert – wie auch im Barock – trägt manchmal den Keim des Krankhaften in sich.

14 Jagd par force

J. B. Oudry webt sie in Teppiche

IN DER GESCHICHTE DER JAGD spielt das Pferd eine Doppelrolle: In prähistorischer Zeit war es eine lebenswichtige Jagdbeute, später diente es dem Menschen als unentbehrlicher Jagdhelfer.

Eiszeitmenschen mussten noch zu Tricks greifen, um das Wildpferd zu erbeuten, für eine Verfolgungsjagd waren sie viel zu langsam. So lauerten vor rd. 400 000 Jahren z. B. Jäger im Schilf eines Sees südlich von Helmstedt (Niedersachsen), um Wildpferde mit dem Speer zu erlegen, offensichtlich mit Erfolg, wie massive Pferdeknochenfunde belegen. Oberhalb des burgundischen Dörfchens Solutrè wurde in der Eiszeit eine rund 100 m hohe Felsnase vielen Wildpferden zur tödlichen Falle, wenn sie – von Jägern auf die Klippe gedrängt – in panischer Angst in die Tiefe stürzten. Unzählige Skelette bezeugen, wie effektiv diese Jahrtausende lang praktizierte Jagdmethode war.

Im offenen Steppengelände hatten die Jäger wohl nur eine Chance, wenn sie mit dem Wild »Schritt halten« konnten. Die Jagd war vermutlich eines der wichtigsten Stimulantien zum Reiten, denn der Jäger konnte auf dem Rücken des Pferdes seine Geschwindigkeit verdoppeln, seine Reichweite vervierfachen und seine Ausdauer erhöhen. Die verbesserte Jagdtechnik wurde den Wildpferden langfristig zum Verhängnis. Der letzte Tarpan blieb Ende des 19. Jh. auf der Strecke, vom asiatischen Wildpferd überlebten nur wenige Exemplare in der Mongolei.

Pferde waren nicht nur unter dem Sattel willige Jagdhelfer, auch vor den Wagen der Pharaonen in Ägypten sowie der Könige in Assyrien oder Persien dienten sie dazu, Gazellen, Wildeber, Wildesel

14 Jean Baptiste Oudry: Hirschjagd, 1738
Gobelin aus der Folge »Le chasses de Louis XV.« (Ausschnitt)
Florenz, Palazzo Pitti

oder selbst Löwen zur Strecke zu bringen. Zu Pferde war die Jagd im antiken Griechenland und in Rom schon so weit entwickelt, dass sie sich in den folgenden 2000 Jahren wenig änderte. Als Komplize von Mensch und Pferd kam noch der Hund hinzu, der schon die Wagen der Pharaonen begleitet hatte. Der Hund lieh dem Jäger seine Nase, das Pferd seine Beine. Ob Hase oder Fuchs, Eber oder Hirsch, Wolf oder Bär – ihre Chancen nahmen weiter ab.

Die Hasenjagd zu Pferde blieb in Frankreich und England bis zum 19. Jh. ein Volkssport. Wichtiger aber wurde die Jagd auf Reineke Fuchs, die im 17. Jh. in England aufkam. Wenn sie anfangs primär dem Hühnerräuber galt, avancierte sie bald zum gesellschaftlichen Ereignis. Wo konnte der Mann nach Ende der Ritterzeit seinen Mut und seine Geschicklichkeit besser beweisen als beim stürmischen Ritt über Hecken, Zäune, Gräben und Mauern, den Fuchs vor, den Konkurrenten neben, das feurige Ross unter sich? Noch immer weckt die herbstliche Hetzjagd nostalgische Bilder mit Rotröcken und hechelnder Meute, wenngleich in Deutschland das Objekt der Begierde zu einer scharf riechenden Essenz destilliert wurde.

Höchste Vollendung und höchstes Ansehen brachte früher die Hetzjagd zu Pferde auf den König des Waldes, den Hirsch – eine Jagd mit Gewalt = par force. Die letzte Phase einer solchen Hirschjagd veranschaulicht 1738 Jean Baptist Oudry (1686–1755) auf einem großen Wandteppich. Als Tiermaler schon damals weit über Frankreichs Grenzen bekannt, logierte er zeitweilig im Louvre und porträtierte u. a. die Lieblingshunde von König Ludwig XV., illustrierte la Fontaines Fabeln und Ovids Metamorphosen. Seit 1726 zeichnete und malte er für die Teppichmanufaktur in Beauvais, ab 1734 war er ihr Leiter. Zwei Jahre später entwarf er die ersten Kartons der berühmten Gobelin-Folge *Les Chasses de Louis XV.* für die Schlösser des Königs.

Den Auftakt zu einer Hirschjagd gab der Hofjäger mit seinem Leithund. Versprach die Fährte oder Losung einen jagdwürdigen Hirsch, scheuchte ihn der Hund aus seinem Lager auf, drei lange Horntöne verkündeten, dass die Meutehunde losgemacht werden und die Reiter folgen konnten. In wilder Jagd ging es dann über Hügel und Täler, durch Sumpf und Heide, bis sich der Hirsch erschöpft oder in auswegloser Lage den Verfolgern, zunächst den Hunden stellte.

In Oudrys Bild ist die Endstation der Jagd erreicht. Die Hunde haben den Hirsch eingekreist, die Reiter sind aufgerückt, der König, auf dem Schimmel, lässt sich die Waffe für den letzten Streich reichen. Durch den Aufbau des Bildes gelingt es Oudry, den Ablauf des dramatischen Jagdgeschehens einzufangen. Im Hintergrund der Hirsch, der sich gegen die von rechts anrennende Meute wendet, im Vordergrund die Jäger, die von links in die Szene einreiten. Dramatik und Lebhaftigkeit gehen vor allem von den Bewegungen und wechselnden Farben der Pferde aus, unterstützt durch die Kopfhaltung der Reiter.

Den europäischen Nimrods blieb das Pferd auch in Übersee ein unentbehrlicher Helfer. Ob bei der Pirsch auf Elefanten, Giraffen, Tiger oder Löwen, ob bei der Hetze von Büffel, Zebra oder Antilope, von Känguru, Emu oder Strauß – das Pferd war dabei.

Den Fluchttrieb des Pferdes mit dem des flüchtenden Wildes zu koordinieren, hieß das Erfolgsrezept, fast wie aus Hahnemanns homöopathischer Küche: Similia similibus = Gleiches mit Gleichem.

15 Schreitendes Skelett

G. Stubbs schaut unter das Fell

SEINE HERKUNFT PRÄGTE DEN LEBENSWEG von George Stubbs (1724–1806). Als Gerbermeistersohn lernte er in Liverpool bereits in seiner Kindheit das Milieu eines Schlachthofes kennen: Blut und Eingeweide, Muskulatur und Organe, Haut und Knochen. Schon als 8-jähriger soll er Knochen und Organe gezeichnet haben. Das Thema lässt ihn nicht mehr los, selbst als er sich zunächst als Kopist durchschlagen muss. Mit 16 Jahren will er nur noch nach der Natur malen, folgt geradezu einer Erkenntnis Albrecht Dürers (1471–1528): »Dann wahrhaftig steckt die Kunst in der Natur, wer sie heraus kann reißen, der hat sie.«

Von einem befreundeten Yorker Arzt in Anatomie gefördert, begann er 1758 auf einer abseits gelegenen Farm in Lincolnshire heimlich mit anatomischen Studien des Pferdes. Die Tiere wurden durch Entbluten getötet, ihre großen Gefäße durch Infusion mit Talg ausgegossen. In Anlehnung an die Methoden des in Leyden lehrenden Anatomen Albinus (1697–1770) löste er in 5- bis 6-wöchiger Arbeit von einem Pferd Schicht um Schicht von der Oberfläche ab, von der Haut und Unterhaut, über Faszien und Muskeln bis zu den Sehnen, Bändern und Knochen. Nach ersten Skizzen folgten Bleistiftzeichnungen, von denen 24 – in Kupfer gestochen – sein 1766 erschienenes berühmtes Werk »The anatomy of the horse« illustrierten. Seit Ruini (1598), ein Senator und Amateuranatom aus Bologna, hatte kein anderer dieses Thema behandelt. Nun erhielt die anatomische Darstellung künstlerische Qualität, die Kunst naturwissenschaftliche Präzision.

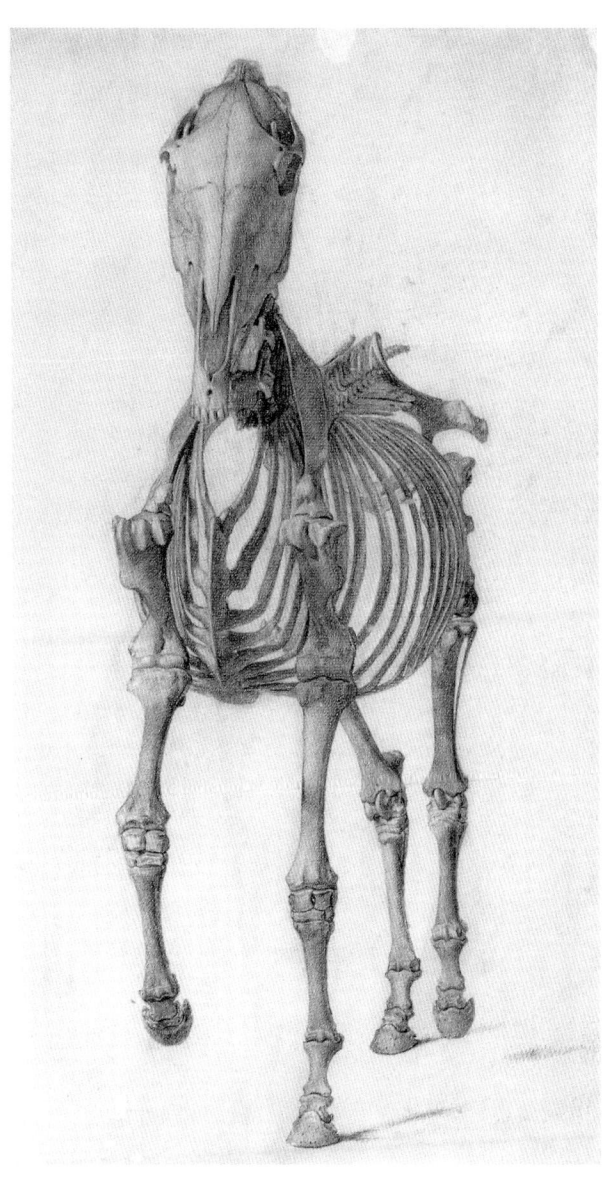

15 George Stubbs: Pferdeskelett, 1758
Bleistiftzeichnung auf Papier, 35,6 x 18,4 cm
London, Royal Academy of Arts

In Stubbs' Skelettzeichnung scheint das Pferd schräg von vorn auf den Betrachter zuzuschreiten. Trotz der Skelettierung des Pferdekörpers steckt in diesem »nature morte« noch ein Hauch Leben. Die Schrittfolge – vorn rechts, hinten links – ist richtig gewählt. Unübersehbar das kräftige Brustbein, von dem die Rippen seitwärts und aufwärts streben wie Spanten vom Bug oder Kiel eines Schiffes: funktionale Parallelen zwischen Natur und Technik. Der Eindruck eines weit nach hinten reichenden, langen Brustraumes bleibt trotz perspektivischer Verkürzung erhalten. Durch 18 Rippenpaare – mehr als bei jeder anderen Haustierart – entsteht beim Pferd ein voluminöser Raum für Lunge und Herz: Mitgift aus grauer Vorzeit, wichtig für ein Lauftier in der Steppe.

Die kräftigen, nach vorn geneigten Oberarmknochen wirken wie gewaltige Hebel, die den Körper nach vorn stoßen. Das Vorderfußwurzelgelenk – oft fälschlich als Vorderknie bezeichnet – erinnert mit den 2-reihigen polyedrischen Knochen noch an die 5-Zehigkeit der Pferdevorfahren. Nun sind sie angepasst an den allein erhaltenen mittleren Fußstrahl, der aus dem schlanken Hauptmittelfußknochen (der Röhre) und den 3 Zehengliedern (Fesselbein, Kronbein und dem zur Hufform verbreiterten Hufbein) besteht. In dem mächtigen Sprunggelenk imponieren die um 12–15° schräg gestellten Rollkämme des Rollbeins. Dadurch ist das Pferd in der Lage, den Fuß seitlich am Rumpf vorbeizuführen.

Trotz der großen, leeren Augenhöhlen erinnert der hochaufgerichtete, lange Schädel durch die leichte seitliche Neigung, das geöffnete Maul, die schraffierten Knochenflächen mit ihren Nähten und dem geometrischen Muster am Schädeldach noch an die ursprüngliche Vitalität des Modells.

Die Bleistiftzeichnung führt zwei unterschiedliche Betrachtungsweisen überzeugend zusammen: die des Anatomen, der den Körper in seine Teile zerlegt und die Details studiert, und die des Künstlers, der das Ganze zu erfassen sucht auf dem Umweg über das Detail.

Stubbs, Zeitgenosse der englischen Malerstars Joshua Reynolds und Thomas Gainsborough, gilt als eigentlicher Begründer der »Sporting Pictures«. Seinen Bildern über Jagd und Pferderennen ebenbürtig sind aber seine anatomischen Studien, die er später auch auf den Menschen ausdehnte. Er gab nicht nur Tierärzten, sondern auch vielen Künstlern, die sich mit dem Pferd beschäftigten – wie F. Krüger, M. Liebermann oder F. Marc – gründliche Einblicke in dessen Organismus. Auch J. G. Schadow, Bildhauer der Quadriga auf dem Brandenburger Tor in Berlin, zog nicht nur antike Vorbilder zu Rate, sondern studierte Skelette in der Königlichen Thierarzneischule in Berlin.

Stubbs jedoch hatte den Mut – und war damit seiner Zeit weit voraus – Pferde für Studienzwecke zu sezieren. Das war damals keineswegs selbstverständlich und opportun. In Deutschland galt jeder, der sich auch professionell wie die Abdecker und Wasenmeister mit Kadavern beschäftigte, als »unehrlich«, ähnlich wie Henker oder Dirnen. Ihnen wurden die bürgerlichen Tugenden wie Ehrlichkeit oder Zuverlässigkeit nicht zugebilligt. Wie sehr dieses Vorurteil selbst noch zur Zeit der Aufklärung verankert war, zeigte der Herzog von Kurland, der sich 1774 in Dresden demonstrativ an der Sektion eines Pferdes beteiligte, um zu beweisen, dass auch ehrenwerte Personen diese Aufgabe übernehmen können. Doch noch zwei Jahre später, als 1778 die Ross-Arzney-Schule in Hannover gegründet worden war, ließ die Regierung vorsichtshalber von allen Kanzeln des Landes verkünden, dass niemand sich unterstehen dürfe, den Studierenden wegen ihrer Beschäftigung mit tierischen Kadavern den Vorwurf der Ehrlosigkeit zu machen.

16   The big dog

Das Pferd der Indianer
in G. Catlins Bilderwelt

DER AMERIKANER GEORGE CATLIN (1796–1872) gilt als malender Anwalt der Prärie-Indianer. Ohne große künstlerische Ausbildung blieb der studierte Jurist in der Malerei allerdings ein Amateur, zudem waren sein unermüdlicher Eifer und sein hohes Arbeitstempo nicht die beste Voraussetzung für künstlerische Qualität und genaue Dokumentation.

Auf mehreren Expeditionen zwischen 1830 und 1836 in den damals noch »Wilden Westen« malte Catlin das Lagerleben der Indianer, ihre Wanderungen, die Begegnungen mit dem weißen Mann, die Jagd auf Büffel und ebenso die Physiognomien bedeutender Häuptlinge und Medizinmänner. Als Catlin den Rothäuten begegnete, war die große Zeit der Kämpfe zwischen Weißen und Roten vorüber, die nach heutigen Vorstellungen von Daniel Boone (1734–1820) oder Tecumseh (1768–1813) geprägt wurde.

Heute fehlen Catlins Bilder in keinem amerikanischen Museum über Indianer, da seinen Werken ethnographische Kompetenz zugebilligt wird. Catlin lebte mehrere Jahre in Europa, seine Bilder haben zweifellos die Indiophilie in der Alten Welt gefördert. Sein Buch *Die Indianer Nordamerikas* war für Karl May eine reiche Fundgrube, die ihm für die Schilderung der Abenteuer von Winnetou oder Old Shatterhand eine Reise in die Neue Welt ersparte.

Catlins »Komantschen beim Kriegsspiel« (1834) faszinieren in ihrer Geschicklichkeit zu Pferde. Reiten ist ihnen Spiel: Sie prüfen ihre Bögen im vollen Galopp, verstecken sich gleichzeitig hinter dem Körper des Pferdes. Die ausdrucksvollen Pferdeköpfe zeigen Catlins

16 George Catlin: Komantschen beim Kriegsspiel, 1834 (Ausschnitt)
Washington, Smithsonian American Art Museum

Beobachtungsgabe, andere Details bleiben nur angedeutet. So machte er den alten Fehler vieler Pferdemaler, den fliegenden Galopp mit gleichzeitig gestreckten Vorder- und Hintergliedmaßen zu malen – anatomisch nicht möglich. Catlins Pferde bestätigen die Herkunft der meisten Indianerpferde: andalusisches Blut mit Berbereinschlag, eingeknickte Nasenlinie, große Augen, runder Hals, abschüssige Kruppe und tief angesetzter Schweif. Erst seit 150 Jahren mit Pferden vertraut, erreichten manche Indianerstämme in ihren Reitkünsten bald ein ähnliches Niveau wie Mongolen, Hunnen oder Kosaken in der Alten Welt.

Mit Kolumbus kamen 1493 die ersten europäischen Pferde nach Amerika, nach Haiti. Von Havanna brach Hernando Cortez 1519 mit seiner kleinen Armee und 16 Pferden auf, um das große mexikanische Reich zu erobern. Am Ziel waren es bereits 17 Tiere, eine Stute hatte gefohlt, ein gutes Omen. Die Pferde machten auf dem neuen Kontinent rasch Karriere. Von Mexiko führte ihr Weg nach Kalifornien, Neumexiko und Texas, von Florida und den Neuengland-Staaten nach Westen. Die Prärie-Indianer lernten schnell, sich auf dem Rücken der Pferde zu bewegen, die sie bei Überfällen erbeuteten, einfingen oder stahlen.

Das Pferd veränderte nachhaltig die Kultur, aber auch die Psyche der Indianer, ähnlich wie 5000 Jahre zuvor die der Steppenvölker Südrusslands. Ihr Aktionsradius wurde größer, der Kontakt (aber auch der Konflikt) mit anderen Stämmen verstärkt, die Jagd vor allem auf den Büffel effektiver, der Güteraustausch rascher und umfassender. Zuvor dienten überwiegend Wasserwege zum Gütertransport, zu Lande mussten Hunde auf Stangenschleppen Lasten transportieren. Das Pferd war auch dafür eine willkommene Verbesserung. So ist nicht überraschend, dass es zunächst »The big dog« hieß.

Die Prärie-Indianer konnten sich an diesem Geschenk des Weißen Mannes nicht lange erfreuen, denn seine anderen »Mitbringsel«, Feuerwaffen und Feuerwasser, bereiteten den »Lords der Prärie« schließlich ein klägliches, bedauernswertes Ende.

Besser erging es den Pferden. Sie konnten z. T. die alte Freiheit wiedergewinnen. Entlaufene Tiere verwilderten, verbreiteten sich in der

Prärie bis nach Kanada und füllten rasch die Lücke, die sie vor ca. 10 000 Jahren hinterlassen hatten, als die Wildpferde dort ausstarben. Die Vermehrungsrate war offenbar hoch – begünstigt durch gute Futterbedingungen und wenig natürliche Feinde. Nach heutigen Zählungen in Reservaten werden jährliche Zuwächse von durchschnittlich 15 % erreicht. Doch auch die verwilderten Pferde stießen an Grenzen, an die der Farmer, die in den Mustangs (von spanisch *mesteno* = herrenlos) lästige Konkurrenten für ihr Nutzvieh sahen. Wieviel verwilderte Pferde es in ihren »besten« Zeiten gegeben hat, ist nicht bekannt. Um 1900 sollen es 2 Mio. gewesen sein, 1983 wurden rd. 50 000 gezählt, nun in Reservaten.

Für Haustierforscher sind verwilderte Pferde ein interessantes Objekt. Werden sie wieder zu echten Wildpferden? Verlieren sie durch Domestikation erworbene Eigenschaften in Körperform, Größe, Hautfarbe, im Verhalten? Gewinnt das Gehirn, das infolge der Domestikation vor allem im Neocortex mit Zentren für den Seh- und Hörvorgang abnimmt, wieder seinen alten Umfang? Bisher zeigt sich, dass extreme Körperformen oder Größen verschwinden, nicht dagegen die Farbenvielfalt. Eine verminderte Hirngröße – im Vergleich zu Przewalskipferden – blieb bisher erhalten. Offenbar können verwilderte Pferde unter günstigen Umweltbedingungen auch mit reduzierter Hirnmasse erfolgreich existieren. Dafür spricht, dass ihre Überlebensrate im 1. Lebensjahr mit 75–80 %, später mit 90–95 % kaum ungünstiger ist als bei Hauspferden.

Die Geschichte des Pferdes zwischen Alter und Neuer Welt konnte kaum wechselvoller ausfallen: Es stirbt vor rd. 10 000 Jahren in Amerika aus, kommt als Hauspferd mit den Conquistadoren vor 500 Jahren aus Europa wieder zurück, hilft mit, die großen indianischen Kulturen in Mittelamerika zu vernichten, gibt andererseits aber den Prärie-Indianern vor ihrem Untergang noch eine Chance, die Größe und Weite ihrer Heimat auf dem Pferderücken zu erleben. Ein Teil der Pferde verwildert und vermittelt uns heute etwas vom ursprünglichen Leben der Wildpferde.

17 Stallgeruch

Pferde-Krüger kennt ihn

FRANZ KRÜGER (1797–1857), als »Pferde-Krüger« in die Kunstgeschichte eingegangen, zählt zu den malenden Chronisten des Biedermeier. Seine großen Kompositionen von königlichen Paraden, seine Porträts von Persönlichkeiten aus dem Berliner Leben im Vormärz, vor allem aber seine Tierdarstellungen beweisen einen besonderen Sinn für Wirklichkeit und Authentizität. In den königlichen Marställen hatte sich der spätere Hofmaler schon von früher Jugend an trainiert.

Sein »Pferdestall« verströmt die typische Atmosphäre dieser damals so wichtigen Einrichtung. Man glaubt, das Stampfen der Pferde, das Klirren ihrer Ketten, das mahlende Kaugeräusch zu hören, Heu und Harn zu riechen. Das effektvoll eingeblendete Licht fängt diese Stimmung ein. Vom Zentrum mit der beleuchteten Nachhand des Braunen und der Vorhand des Schimmels schwächt es sich zur Peripherie hin ab, allein unterbrochen durch die blau-weißen Fliesen oberhalb der Krippen und das Licht aus einem Seitenfenster im Hintergrund. Stallrequisiten wie Woilach, Tränkeimer und Gurte vervollständigen das Typische dieses Milieus. Krüger kannte durch sorgfältige Studien die Anatomie der Pferde, aber auch ihr Verhalten: Der Braune wirkt bei aller geduldig erscheinenden Erwartung leicht verspannt, angedeutet durch Kopfhaltung, Ohrstellung und Schwanzbewegung, nicht ungewöhnlich bei Pferden vor dem Ausritt. Der Schimmel, schon gesattelt, beschnuppert die Hunde, ein Beispiel für exploratives Verhalten. Das dritte Pferd im Hintergrund verfolgt mit erhobenem Kopf, aufmerksam hochgestellten Ohren und weit geöffneten Augen die ganze Szene.

17 Franz Krüger: Pferdestall, 1854
   Öl auf Leinwand, 68 x 85 cm
   Karlsruhe, Staatliche Kunsthalle

Der Maler vergisst auch nicht die lebenswichtigen Fütterungsein-richtungen. Die Heuraufen sind, der damaligen Praxis folgend, hoch angebracht. Der Staub aus dem Heu – so glaubte man fälschlicher-weise – würde besser in der Stallluft verteilt und dadurch die Lunge des Pferdes entlastet. Natürliche Bedingungen für die Futterauf-nahme, vom Boden aus, wurden auch bei der Krippenhöhe ignoriert.

Der Fütterung ihrer Pferde schenkten schon die Olympier, die Götter Griechenlands, größte Aufmerksamkeit. Mit eigener Hand teilten sie ihren Wunderpferden Ambrosia, die Nahrung für Un-sterblichkeit, zu und tränkten sie mit Nektar. Priamos, der letzte tro-janische König, pflegte seine Rosse »mit Sorge an schön geglätteter Krippe«. Wer seine Kampfwagenpferde fit halten wollte, musste sie trainieren und nach einem ausgeklügelten Fütterungsprogramm ernähren, wie schon von den Hethitern aus dem 14. Jh. v. Chr. über-liefert. Dagegen konnte der römische Kaiser Caligula (37–41) sein Lieblingspferd Porcella (Schweinchen) schwerlich mit Rosinen, Man-deln und Honig in »Form« halten, auch wenn es verdünnten Wein in goldenen Schalen schlürfen durfte.

Das zu hohen politischen Ämtern aufgestiegene Pferd an der Staatskrippe (Porcella wurde Senator) blieb jedoch die Ausnahme. Der Volksmund wusste: »Das Pferd muss da fressen, wo es ange-bunden ist«, d. h. es muss mit dem vorlieb nehmen, was erreichbar ist. Gleichwohl sorgten sich die Pferdehalter in früheren Jahrhun-derten besonders sorgfältig um die Fütterung, vor allem solange bei gefürchteten Zwischenfällen, wie etwa Koliken, keine medizinische Hilfe möglich und ein Verlust existenzbedrohend war. Hausvater Co-lerus (1616) mahnt, die Pferde bei viel Arbeit fünf- bis sechsmal pro Tag zu füttern (beginnend um 5 Uhr in der Früh bis zur letzten Mahlzeit um Mitternacht) und dabei die Pferdeknechte sorgfältig zu kontrollieren.

Zu Krügers Zeiten – und noch bis zur Mitte des 20. Jh. – zählten die 3 Hs *(Heu, Hafer, Häcksel)* zum Standardmenue jedes Pferdes. *Heu* stillt u. a. das angeborene Bedürfnis, sich kauend zu beschäfti-gen. Mit den sensiblen Lippen erfasst, wird es von den breiten Backenzähnen, die sich unter hohem Druck etwa 70-mal in der Mi-nute gegeneinander bewegen, zu Partikeln von maximal 4 x 2 mm zerkleinert. Das kostet Zeit, 40–50 Min. für 1 kg Heu – zum Vorteil des Pferdes, denn unterbeschäftigte Tiere neigen zu Verhaltensstörungen, ja zu Untugenden.

Mehr Arbeit verlangt auch beim Pferd mehr Brennstoff, das Heu muss dann mit energiereichen Futtermitteln ergänzt werden. In Mitteleuropa gilt seit rd. 1000 Jahren dafür *Hafer* als unentbehrlich Warum diese Präferenz des Hafers gegenüber anderen Getreidekörnern? Keine geheimnisvollen Inhaltsstoffe, sondern die feinkörnigen Stärkepartikel sind seine »Stärke«, machen den Hafer zum Favoriten in der Pferdekrippe. Die Stärke wird – trotz geringer Aktivität der stärkespaltenden Amylase – im equinen Dünndarm fast vollständig verdaut und damit nicht nur gut ausgenutzt, sondern auch gut vertragen. Anders bei Gerste oder Mais, deren grobkörnige Stärke, falls nicht vorbehandelt, in größeren Mengen unverdaut den Dickdarm erreicht und dort bei exzessiver mikrobieller Vergärung u. a. Hufrehe auslösen kann. Schon im Altertum war der Zusammenhang bekannt: Die »Gerstenkrankheit« entsprach dem klinischen Bild der Hufrehe.

Aber auch Hafer ist nicht ohne Risiko. Bei üppiger Krippenfüllung »sticht der Hafer«, Magenüberladung und Fehlgärungen sind möglich. Um eine langsame Aufnahme zu erreichen, wurde der Hafer früher mit *Häcksel* vermischt, eine sinnvolle, inzwischen vergessene Fütterungsart.

Heute haben konfektionierte Futter die traditionellen z. T. verdrängt, die Risiken einer nicht artgerechten Fütterung bleiben jedoch. Der kompliziert gebaute Verdauungskanal des Pferdes gilt als besonders störanfällig, von 100 Pferdepatienten leiden jährlich etwa 20 an Verstimmungen im Verdauungskanal. Der größte Störfaktor ist allerdings der Mensch, der die Natur des Pferdes, Bau und Funktion seines Darmkanals bei der Fütterung – selbst mit zunehmenden Kenntnissen – heute vermutlich häufiger missachtet als zu Krügers Zeiten.

18 Pferde im Krieg

E. Meissonier erinnert an Napoleon

SEINE MALTECHNIK FOLGTE NICHT gerade den avantgardistischen Entwicklungen französischer Künstlerkollegen – Ernest Meissonier (1815–1891) blieb Außenseiter, aber nicht zum Nachteil seiner Pferdebilder. Einer seiner Schwerpunkte war die Dokumentation des Krieges, insbesondere aus napoleonischer Zeit.

Als er 1863 Napoleon I. malt, erinnert er an das Schicksalsjahr 1814. Alle Pathetik, die frühere Gemälde des Herrschers auszeichnete (z. B. von J. L. David), ist gewichen. Der Kaiser steht mit seinem Pferd unter einem wolkenverhangenen Himmel, seine große Zeit geht zu Ende. Der beleibte Reiter scheint erschlafft, es ist nicht der Sitz eines jungen, straffen, nach vorwärts drängenden Kriegshelden. Allerdings war Napoleon nie ein eleganter Reiter. Das Pferd wirkt noch unverbraucht. Mit weit geöffneten Nüstern, gespitzten Ohren blickt es aufmerksam nach vorn, ein trockener, edler Araber. Vermutlich ist es Napoleons Lieblingspferd Marengo.

Meisonnier musste sich bei seinen Pferdeporträts auf ältere Berichte und Bilder stützen, um den Glanz früherer Zeiten anklingen zu lassen. Napoleon bevorzugte Schimmel, die Pferde der Kaiser und Könige. Der Hengst Marengo kam 1799 aus Ägypten und war auf allen späteren europäischen Kriegsschauplätzen mit dabei. Insgesamt 8-mal verwundet, überstand er auch die Katastrophe im Winter 1812/13 in Rußland. Etwa 90 % der ca. 180 000 Pferde, die mit der französischen Armee im Juni 1812 den Njemen überschritten, kehrten nicht heim. Während Napoleons Zwangsaufenthalt auf Elba blieb der Hengst in Paris, doch nach seiner Rückkehr (1814)

18 Ernest Meissonier: Napoleon 1815, gemalt 1863
Öl auf Leinwand, 45 x 38 cm
Paris, Musée de l'Armée

konnte Napoleon ihn wieder satteln: zum letzten Gefecht. Bei Waterloo mussten sich Pferd und Reiter fluchtartig trennen, englische Soldaten sollen den Hengst auf ihre Insel als Beute- und Schaustück mitgenommen haben. Dort erwarb ihn ein englischer General, der ihm noch die Chance gab, sein Erbgut weiterzugeben, bis er 1831 im Alter von 38 Jahren starb. Seine Knochen zieren das Armeemuseum in Sandhurst. Ein ebenso berühmtes Herrscherpferd, Friedrichs des Großen Liebling Condé, kann sich auf bessere Weise der Nachwelt nützlich machen: An seinem Skelett studieren noch heute die Jünger der Veterinärmedizin in Berlin die Anatomie des Pferdes.

Napoleon steht fast am Ende einer etwa 4000 Jahre währenden Periode, in der Menschen dank neugewonnener Mobilität durch das Pferd ihre aggressiven Ambitionen in Kriegen »kultivierten«. Vor Kampfwagen, unter dem Sattel, als Zugtiere vor Geschützen oder Trainwagen – in keiner Facette des Kriegstreibens fehlte das Pferd.

Spannte der Ägypter Ramses II. 1293 v. Chr. »nur« 1000 bis höchstens 10 000 Pferde vor seine Kampfwagen, kam das Heer der ersten Kreuzritter (1096–1099) schon auf 100 000 Berittene; Dschingis Khans Reiterscharen überschwemmten um 1200 fast mit der doppelten Zahl die Länder Mittelasiens und Osteuropas. Gegen Frankreich brachte Deutschland 1870/71 rd. $^1/_4$ Mio. Pferde »auf die Beine«. In den beiden Weltkriegen erreichte der Pferdeeinsatz einen letzten Höhepunkt. Im 1. Weltkrieg verendete von 4 Mio. Pferden jedes zweite, im 2. Weltkrieg kamen allein auf deutscher Seite 1,5 Mio. Pferde um (von rd. 2,75 Mio.). Niemals in der Geschichte der Pferde sind in so kurzer Zeit so viele Tiere verendet – weniger durch feindliche Waffeneinwirkung, sondern meistens durch Überanstrengung, Erschöpfung oder Seuchen, begünstigt oder direkt ausgelöst durch den größten Feind der Kriegspferde, den Hunger.

Die Achillesferse aller Reiterheere war die Futterbeschaffung. Deshalb sollten die Pferde im Krieg – noch bis zum Beginn des 19. Jh. – ihr Futter im Feindesland möglichst selbst suchen. War ein Gebiet ohne natürlichen Futterwuchs zu durchziehen und wurde das Futter Packtieren aufgebürdet, dann reichte die Versorgung allenfalls für 7–8, bei gleichzeitigem Wassermangel nur für 4–5 Tage. Packtiere konnten höchstens 15 Tagesfutterportionen schleppen, von denen die Hälfte schon für die Eigenversorgung abging.

Die Mongolen nutzten noch eine andere Möglichkeit. Sie begannen ihre Kriegszüge meistens erst im Sommer, wenn sich die Pferde auf der Frühjahrsweide ein Fettpolster von bis zu 100 kg angefressen hatten. 1 kg Körperfett lieferte dem Pferd den Treibstoff für fast 30 km im Trab.

In Mitteleuropa begann das kriegerische Treiben nicht *avant le vert*, nicht vor dem Grünen der Natur. Wer alle Pferdefuttermittel in einem Kampfgebiet vernichtete, konnte die gegnerische Armee immobilisieren oder zum Rückzug zwingen. Manche Pausen oder Abweichungen vom Feldzugplan, die in Geschichtsbüchern oft schwer verständlich erscheinen, beruhen auf banalen Problemen der Logistik. Als Friedrich dem Großen 1758 der Nachschub ausfiel, klagte er in einem Brief: »Was können Sie von einem Kopf erwarten, in dem sich nichts als Heu, Hafer und Häcksel befindet?«

Das Pferd wurde im Krieg oft als treuer Kamerad gepriesen und verklärt. Gewiss entstanden viele enge Verbindungen zwischen einzelnen Soldaten und ihren Pferden, doch Pferde blieben vom Menschen abhängige Kreaturen, eher Opfer als feurige Kombattanten. Auch wenn Vergil (70–19 v. Chr.) das Fluchttier Pferd zum kriegsliebenden Ross erhoben hatte, die Praxis sah anders aus. Darauf machte der französische Reitergeneral Nansouty im Russlandfeldzug 1812/13 treffend aufmerksam, als ihm ungenügender Angriffsgeist vorgeworfen wurde: »Das liegt daran, dass die Pferde keine Vaterlandsliebe haben. Die Soldaten schlagen sich im Notfall ohne Brot, aber unsere Pferde tun nichts Rechtes ohne Hafer!«

19 Sieg oder Platz?

E. Degas fiebert mit beim Pferderennen

DIE BEWEGUNG WAR SEIN GROSSES THEMA. Wo konnte Edgar Degas (1834–1917) sie besser studieren als bei Rennpferden oder Tänzerinnen? Wie kaum ein anderer Künstler hat der Franzose immer wieder die prickelnde Spannung auf dem Rennplatz, den gestauten Bewegungsdrang der Pferde kurz vor dem Start, ihre tänzelnden aufgeregten Aktivitäten eingefangen! So auch im Bild »Vor dem Rennen«. Die Jockeys bereiten den Start vor, die Pferde bewegen sich noch ungeordnet, im versammelten Schritt, kauen mit gesenktem Kopf auf dem Gebiss oder werfen den Kopf auf. Die unterschiedlichen Farben der Jockey-Kluft intensivieren das bunte Treiben.

Degas beobachtete in der Natur, aber malte nicht pleinair. Im Atelier baute er Modelle auf und prüfte die Perspektiven verschiedener Bewegungsabläufe. Schon bevor es dem englischen Fotografen E. Muybridge 1872 gelang, den Ablauf der Bewegung in verschiedenen Gangarten auf Fotoplatten zu dokumentieren, hatte Degas ihn erfasst. Seine Beiträge über Milieu und Atmosphäre auf dem Rennplatz sind so zahlreich, dass die National Gallery of Art in Washington ihm 1997 eine eigene Ausstellung unter dem Titel »Degas at the race« widmete. Fast alle Aspekte rund um den Rennplatz haben den Maler fasziniert: die Extravaganz der Zuschauer, die Routine der Jockeys, die spannungsgeladene Haltung der Pferde, ein Fehlstart, der Sturz eines Jockeys.

Pferderennen begeistern die Menschen seit alters her. Für die heutigen Flachrennen gilt Großbritannien als Mutterland. Schon zur Zeit des römischen Kaisers Septimus Severus um 210 n. Chr. sollen

19 Edgar Degas: Vor dem Rennen, um 1866/68
Öl auf Leinwand, 46 x 61 cm
Paris, Musée d'Orsay

Araberhengste an den Start gegangen sein. 1512 wurde das erste offizielle Rennen in England gestartet. Auf dem Kontinent entwickelten sich Rennen oft aus bäuerlichen Vergnügungen. In Bayern pflegte man über Jahrhunderte das Scharlachrennen, das 1436 Herzog Ernst anlässlich der Hochzeit seines Sohnes Albrecht anregte, nachdem er dessen früherer Romanze mit der Augsburger Bürgerstochter Agnes Bernauer ein grausames Ende gesetzt hatte. Als Siegesprämie winkte ein scharlachroter Schal, als 3. Preis gab es ein Schwein: die Rennsau.

Die klassischen englischen Rennen für Dreijährige – Derby, Oaks, St. Leger – begannen zwischen 1776 und 1780, in Deutschland wurde ein solches Rennen erstmals 1822 in Bad Doberan/Mecklenburg gestartet, in einer Provinz, die Bismarck zufolge sonst immer etwas nachhinkte.

Die Zucht kennt bei Rennpferden nur ein Ziel: die Geschwindigkeit. Alles andere wird ihr untergeordnet. Das Exterieur muss nicht immer schön sein, die Variationen in Form und Größe sind bei Vollblütern deshalb enorm. Die systematische Rennpferdezucht begann im 17. Jh. in England. 1791 wurde das englische Stutbuch – bei rd. 5000 Tieren – geschlossen. Seither bilden die Vollblüter eine »geschlossene Gesellschaft«. Ihr Genpool stammt im Wesentlichen von 31 Pferden aus dem Nahen Osten und Nordafrika.

Unter den Vollblütern gab es immer wieder Spitzenreiter, z. B. den Hengst Eclipse (1764–1789), der als Jährling für 75 Guineas gekauft wurde (ein Meerschweinchen kostete damals 1 Guinea = guinea pig). In 18 Rennen blieb Eclipse unbesiegt, ging aber schon 1770, um seinen Nachruhm nicht zu gefährden, in die Zucht – für 1750 Guineas. Niemals wurde, so hieß es, ein besserer Handel mit Pferdefleisch gemacht, denn seine Leistungsfähigkeit konnten seine Nachkommen potenzieren: unter 400 gab es 344 Sieger. Rund 90 % aller heutigen Vollblüter haben Eclipse in ihrem Pedigree. Der bekannte englische Pferdemaler G. Stubbs hat ihn 1770 porträtiert. Sein Skelett, das ohne großen Erkenntnisgewinn mehrmals vermessen wurde, stand von 1920 bis 1983 im National History Museum in London, jetzt ist es im Mekka der Vollblutzucht, in Newmarket, ein knöchernes Denkmal.

In Amerika hatte der Hengst Man O'War (1917–1947) eine ähnlich ruhmreiche Karriere. Unter 21 Starts verfehlte er nur einmal den Sieg. Als Jährling für 5000 Dollar gekauft, brachte er später allein für eine einzige Decktaxe diesen Betrag wieder ein.

Heute laufen in über 40 Ländern der Welt über $\frac{1}{2}$ Mio. Vollblüter um die Wette. Es geht nur um Sieg oder Platz, nicht um die absolute Geschwindigkeit. Sie wird jedoch seit fast 200 Jahren sorgfältig registriert. Auf den üblichen Strecken erreichen Pferde Geschwindigkeiten von 900 m/Min., für eine begrenzte Zeit also etwa 55 km/Std. In den klassischen englischen Rennen liefen die Pferde 1840 in 1 Sek. rd. 13,5 m, um 1900 rd. 15 m. Doch seither stagnieren – wie 1868 schon Darwin vorausgesehen hatte – die Geschwindigkeiten, trotz vieler Verbesserungen durch Zucht, Training oder Fütterung. Eine naheliegende Erklärung, die Erschöpfung der genetischen Varianz, konnte bisher nicht bestätigt werden. Vieles muss zusammen kommen, um aus einem Pferd einen Crack, einen Sieger zu machen. »Ein Pferd galoppiert mit seiner Lunge, hält durch mit seinem Herzen und gewinnt mit seinem Charakter«, heißt es in Fachkreisen. Leistungsphysiologen haben dies für Herz und Lunge bestätigt. Bei Höchstgeschwindigkeiten steigt die Atemfrequenz, synchron mit dem Galoppsprung, bis auf annähernd 100 Atemzüge pro Min. bei einem Atmungsvolumen bis zu 25 l. Dennoch reicht die Sauerstoffzufuhr für die vollständige Verbrennung nicht aus. In einer solchen Extremsituation kann das Fluchttier Pferd temporär auch ohne Sauerstoffumsatz (durch Abbau von Glukose nur bis zur Milchsäure) noch Energie gewinnen. Dieser Vorteil muss bezahlt werden durch eine geringere Ausnutzung der Glukoseenergie und schließlich durch eine starke, evtl. leistungsbegrenzende Zunahme der Milchsäure im Blut.

Die Herzfrequenz steigt beim Rennpferd auf 240 pro Min., bis zu 300 l Blut werden in dieser Zeit in die Peripherie gepumpt. Der Vollblüter hat ein »großes« Herz, ca. 5 kg schwer, 25 % mehr als andere Pferde gleicher Größe. Eclipse brachte es auf fast 6 kg. Doch das ist nicht gleich ein Kämpferherz. Der Kampfgeist, der Charakter eines Rennpferdes lässt sich nicht messen – außer auf der Rennbahn.

20 Kampf gegen Rotz und Räude

W. Leibl setzt den Tierarzt aufs hohe Ross

WILHELM LEIBL (1844–1900) ist als ein Klassiker des Realismus, vor allem durch Bilder bayerischer Folklore bekannt, doch hat er sich auch anderen Motiven und Maltechniken souverän genähert. Sein »Schimmelreiter« von 1872 verrät schon eine neue, eher impressionistische Malweise. Vor dem für Leibl ungewöhnlich hellen Hintergrund hebt sich die dunkle Gestalt des Reiters scharf ab, der wiederum auch zu seinem Blauschimmel in Kontrast steht. Die braunen Töne, die in der Bilddiagonale des Bodens verlaufen, kehren in Satteldecke und Kleidung des Reiters wieder und erinnern an die Farbe des Torfs im Dachauer Moos, das Leibl oft in Gesellschaft des dargestellten Tierarztes durchstreifte.

Das Pferd steht fast bewegungslos. Der Augenblick des Anreitens wird festgehalten: Der Reiter hat sich aufgerichtet und die Zügel gestrafft, das Pferd legt die Ohren zurück. Leibl hat nie dynamische Szenen gemalt, seine Bilder vermitteln meist stilllebenhafte Ruhe.

Den Tierarzt Maurer lernte Leibl nach 1870 auf Jagdausflügen ins Dachauer Moos und später in Grasslfing näher kennen. Dort leitete Maurer ein Remontedepot der bayerischen Armee. Er musste die von den Landwirten gekauften 3-Jährigen auf den Dienst in der Armee vorbereiten. Diese Tätigkeit war zweifellos weniger strapaziös als die der praktizierenden Tierärzte auf dem Lande, die unter ständig wechselnden Bedingungen in bäuerlichen Betrieben bei Pferd, Rind, Schaf und Schwein primär kurativ helfen mussten: wenn die Kuh nicht kalben, der Schafbock nicht urinieren konnte, das Pferd an Kolik litt oder die Sau keine Milch hatte. Zur Zeit Leibls fuhr der Tierarzt per

20 Wilhelm Leibl: Der Tierarzt Maurer, 1872
Öl auf Leinwand, 93 x 74 cm
Köln, Wallraf-Richartz-Museum

Kutsche über Land oder saß hoch zu Ross, sicherlich nicht ganz unbeschwert, denn er musste stets seine Apotheke mit sich führen. Auch die Applikation der Medikamente war seine Sache, oft umständlich und nicht immer ungefährlich.

Nachdem Fahrräder und schließlich Kraftfahrzeuge aufkamen, sattelten die Tierärzte bald um. Als der schottische Tierarzt J. B. Dunlop (1840–1921) mit seinem vollgummi-bereiften Fahrrad über Straßen und Wege in Irland rumpelte, kam ihm die Idee vom luftbereiften Fahrrad. Sie war so erfolgreich, dass nicht nur sein Fahrrad später ein vielbestauntes Museumsexponat wurde, sondern sein Name auf vielen Autoreifen strahlte. Erst später wurde bekannt, dass die »luftige« Idee bereits 1845 Thomson gekommen war.

Schon in der Antike war man an der Gesundheit der Pferde, aber auch anderer Nutztiere interessiert. In Griechenland als *hippiatros* (Pferdearzt) bekannt, erhielt der Tierarzt in römischer Zeit seinen noch heute gültigen Namen *veterinarius*, vermutlich von *veterina* = Zugvieh (Ochse) abgeleitet, damals das wichtigste Zugtier. Um Equiden kümmerten sich Spezialisten, die *Medici equarii* oder *Mulomedici*, die schon über ein beträchtliches empirisches Wissen verfügten. Am Ende dieser Entwicklung sammelte im 5. Jh. n. Chr. der Pferdeliebhaber Vegetius in einer Kompilation vieler älterer Quellen in der *Ars veterinaria sive Mulomedicina* das Wissen seiner Zeit. Mit dem Zusammenbruch des römischen Reiches geriet das alles zunächst in Vergessenheit. Als Karl der Große 781 gegen die Awaren zog, verlor er 90 % seiner Heerespferde durch eine Seuche. Ähnlich ging es Arnulf von Kärnten 896 beim Übergang über die Alpen, bei dem er seine gesamte Kavallerie einbüßte.

Es dauerte fast bis zum Hochmittelalter, ehe der Kenntnisstand der Antike auf dem Umweg über die arabische Medizin wieder erreicht und angewendet wurde. An den fürstlichen Höfen betreute in den Marställen ein Stallmeister, später Marschall, die edlen Rösser. Ein Stern unter ihnen, Meister Albrandt, glänzte noch Jahrhunderte später. Er diente einem allen Naturwissenschaften aufgeschlossenen Herrn, dem Staufer Friedrich II. (1194–1250) in Sizilien. Sein Rossarzneibuch wurde ein Bestseller, vielfach kopiert, oft bis zur Unkenntlichkeit verändert.

Die medizinischen Möglichkeiten der Stallmeister blieben bei noch fehlenden Kenntnissen über die Ursache der Erkrankungen eher kümmerlich. Ihre größten Erfolge erzielten sie bei der Verhütung von Krankheiten auf Grund sicherer Erfahrungen (z. B. bei Seuchen durch Isolierung) oder auch durch die richtige Haltung, Nutzung und Fütterung. Wurde ein Pferd aber krank, blieb nur die »Rosskur«: Aderlass, Brennen, Haarseile legen, scharf einreiben. Dem Vieh des Bauern erging es nicht besser. Schäfer, Schmiede, Abdecker, Scharfrichter suchten sich auf diesem Feld einen Nebenerwerb. Ihre Therapien, entlehnt von den Professionellen der Pferdemedizin und meistens vergröbert, glichen oft einem Überlebenstraining.

Im 17. und 18. Jh. – bei steigender Bevölkerungs- und Tierzahl – wurden die Probleme drängender. Der Tierhandel brachte Seuchen ins Land, das Pferd wurde für Landwirtschaft, Verkehr und Industrie immer unentbehrlicher, die Potentaten richteten stehende Heere ein, deren Pferdebestand bedroht war durch Pocken oder Druse, Rotz oder Räude, durch *Pestis equorum* oder Milzbrand. Dies förderte schließlich die Gründung tierärztlicher Ausbildungsstätten. In ihnen stand das Pferd zunächst im Mittelpunkt, hatte doch Georg III., König von England und Kurfürst von Hannover, in der Gründungsurkunde für die älteste tierärztliche Ausbildungsstätte Deutschlands in Hannover 1778 daran erinnert, dass »durch Vernachlässigung der Roß-Arzney-Wissenschaft ... in unseren Teutschen Landen viel heimlicher Schaden verursachet« werde. Die Roß-Arznei-Schulen, zwei waren zuvor schon in Lyon und Wien gegründet worden, kamen allerdings in den ersten hundert Jahren nicht über ein Schulniveau hinaus. Erst im Verlauf des 20. Jh. erreichte die Pferdemedizin einen hohen Stand: Bauchoperationen mit meterlangen Darmresektionen, Knochennagelung, Magenspiegelung, Lungenlavage, Embryotransfer oder Genanalysen sind heute schon Standard.

21 »Reiten ist wie Wille ins Weite«

M. Liebermanns Reiter vor Meer und Himmel

DER BERLINER MALER MAX LIEBERMANN (1847–1935) war selbst ein begeisterter Reiter. Durch sein großbürgerliches Elternhaus hatte er schon früh mit Pferden Kontakt. Sie zu malen, regte ihn sein erster Lehrer Karl Steffeck an, der wiederum durch den berühmten »Pferde-Krüger« in Berlin zu hippologischen Studien inspiriert worden war.

Nach längeren Aufenthalten in Paris und München kehrte Liebermann erst nach 1900 zum Motiv Pferd und Reiter zurück. An der holländischen Küstenlandschaft fesselten ihn immer wieder die Reiter am Strand. In seinen Bildern von Pferden und Menschen vor der unendlichen Weite von Himmel und Meer wollte er zweifellos mehr vermitteln als ein unbeschwertes Sommervergnügen. Seine Reiter traben in den freien und weiten Raum der Küste, »wo die Wasserlinie in der Ferne zur Himmelswolke wird«, wie der Dichter Max Dauthendey ein anderes Strandbild Liebermanns verklärte. Und ebenso schwärmerisch klingt es in der »Reitvorschrift für eine Geliebte« vom Kavallerieoffizier und Lyriker Georg Binding (1867–1938): »Reiten ist wie Wille ins Weite, ins Unendliche ... Die Erde verlässt Dich ... Du schwebst.« Dieser Hymnus über das Reiten trifft nur die eine Aussage des Gemäldes, den Gegensatz bilden die Reiter im korrekten Sportdress ihrer Zeit. Die Pferde stehen fest am Zügel oder werden durchpariert. Für den disziplinierten Preußen Liebermann war die Freiheit des Menschen nicht grenzenlos.

Das Bild entstand nach Skizzen in der Natur im Berliner Atelier. So bleibt manche Nebensächlichkeit ausgespart, das Wesentliche

21 Max Liebermann: Reiter und Reiterin am Strand, 1903
Öl auf Leinwand, 72,5 x 101 cm
Köln, Wallraf-Richartz-Museum

tritt stärker hervor. »Was man nicht aus dem Kopf malen kann, das kann man überhaupt nicht malen«, lautete seine Erkenntnis.

Liebermann griff seiner Zeit weit voraus, als er Reiten als Freizeitbeschäftigung anschaulich machte. Die Anfänge des Reitens haben ganz andere Wurzeln. Vermutlich schwangen sich um 4000 v. Chr. in der südrussischen Steppe nomadisierende Hirten erstmals aufs Pferd, um neben Rindern und Schafen auch ihre Weidepferde überwachen zu können. Damit begann eine neue Epoche in der Menschheitsgeschichte, nur vergleichbar mit der Motorisierung um 1900. Allerdings verlief alles gemächlicher, denn es dauerte viele Jahrhunderte, bis sich diese Errungenschaft auf dem eurasischen Kontinent vollends durchsetzte.

Was änderte sich mit dem Sitz auf dem Rücken des Pferdes? Zunächst etwas ganz Simples: Der Mensch erhöhte sich, er bekam einen besseren Überblick. Wichtiger war jedoch, dass er schneller wurde und vor allem, dass seine Reichweite zunahm. Fast 2 Mio. Jahre hatte er sich zu Fuß bewegt, im Gegensatz zu fast allen anderen Säugern nur auf zwei Beinen. Von Afrika aus wanderte er in alle anderen Kontinente, nur selten vom Wasser getragen. Zu Pferde wurde seine Arbeit als Jäger oder Hirte erleichtert und verbessert, als Krieger wirkungsvoller und erfolgreicher.

Der Militärdienst beeinflusste das Reiten nachhaltig. Schon in der Antike gibt der griechische Feldherr und Gutsbesitzer Xenophon (um 400 v. Chr.) qualifizierte Reitanweisungen, die in römischer Zeit zwar befolgt, aber nicht weiter entwickelt wurden. Im Mittelalter kann bei den glänzenden Reiterspielen der Ritter von Reitkunst nicht die Rede sein. Eingeklemmt in den hohen Sattel, mit gestreckten Beinen, von einem Panzer umhüllt, lässt sich schwerlich Kontakt zum Pferd herstellen. Erst als Reiten zu einem Wechselspiel zwischen Mensch und Pferd wird, wandelt es sich zur Kunst, d. h. »die volle Entwicklung der natürlichen Anlagen des Pferdes in harmonischem Einklang zwischen Reiter und Pferd unter Berücksichtigung der Psyche des Pferdes«, definiert Stecken 1993, langjähriger Vorsitzender des Ausschusses für Dressur im Olympischen Komitee. In diesem Bereich hält man es noch mit einer fast altertümlichen Ableitung des Kunstbegriffs von Können: »eine sicher beherrschte und bis zur Vollendung gesteigerte Fertigkeit«.

»Die volle Entwicklung« galt zunächst durchaus praktischen Zwecken: der Sicherheit zu Pferde, der Steigerung der Ausdauer von Pferd und Reiter sowie der Geschicklichkeit im Kampf oder bei der Jagd.

Die ersten Reitschulen entstanden in der Renaissance. Im Jahr 1434 präsentierte König Duarte von Portugal eine Reitanleitung, der bald Empfehlungen italienischer und französischer Reitlehrer folgten, z. B. von Grisone (1507–1570) oder Pluvinel (1555–1620). Als Wegbereiter moderner Reitkunst gilt jedoch Guérinière (1688–1751) mit seinem Klassiker »Ecole de Cavallerie« (1733). Durch grundsätzliche Übungen einschließlich der Schule über der Erde hat er die Kunst des Reitens und die Dressur zur höchsten Vollendung geführt, wie sie heute z. B. noch in der Wiener Hofreitschule oder in Saumur gepflegt werden. Guérinière registrierte schon damals Talentunterschiede zwischen Pferden: »Was die Natur verweigert, kann die Kunst nicht ersetzen.« Dies gilt wohl in gleicher Weise auch für den Reiter.

Um eine solide Reitkunst machten sich neben den Reitschulen des Militärs seit Anfang des 18. Jh. auch die Universitäten verdient. Die Universitätsstallmeister zählten zu den Mitgliedern des akademischen Lehrkörpers, ebenso waren die *Studiosi artis equitandi* gleichberechtigt mit den Studierenden der 4 Fakultäten. Goethe, der im Gegensatz zu Schiller als geschickter Reiter galt, erhielt als 16-Jähriger seine Reitausbildung an der Universität Leipzig.

Erst in der 2. Hälfte des 20. Jh. wird das Reiten zum Freizeitvergnügen – für den Reiter, für das Pferd hat sich wenig verändert. Ob Kinder oder Senioren, ob Sportler oder Amateure – sie alle vereint die Freude am Reiten. Hoffentlich sind sich alle auch der Erkenntnis Guérinières (1733) bewusst: »Die Reitkunst allein scheint nur der praktischen Ausübung zu bedürfen. Jedoch bedeutet Praxis ohne Grundsätze weiter nichts als Routine, also oberflächlicher Schein, der nur Halbgebildete blendet. Das erklärt die geringe Zahl gut ausgebildeter Pferde und das mangelnde Können der meisten, die sich selbst für gute Reiter halten.«

22 »Chiffren des Lebens«

F. Marc sucht das Wesen der Tiere

REHE, KATZEN, RINDER und immer wieder Pferde erschienen Franz Marc (1880–1916) als »Chiffren des Lebens, das sie durchpulst«. Sein erklärtes künstlerisches Ziel war, die Natur, das Tier in seinem Wesen, »das was sein Innerstes zusammenhält«, zu erkennen und malerisch zu gestalten. Ob es nun blaue, rote oder gelbe Pferde sind, in grünen, gelben oder braunen Landschaften – der Betrachter wird provoziert, das Neue, das Wesentliche, den Kern zu erfassen. Schon früh schrieb Marc, der 1911 mit Wassily Kandinsky in München die Künstlergruppe »Der Blaue Reiter« gründete: »Wir werden nicht mehr den Wald oder das Pferd malen, wie sie uns gefallen oder scheinen, sondern wie sie wirklich sind, wie sich der Wald oder das Pferd selbst fühlen, ihr absolutes Wesen, das hinter dem Schein lebt, den wir nur sehen.«

Seine »Drei roten Pferde« wirken in Umriss und Verhalten lebensnah. Kompakt mit abgerundeter Kruppe, tiefer Brust, kurzen stämmigen Beinen, so hatte sie Marc in der dörflichen Umgebung von Sindelsdorf bei Murnau stets vor Augen. Der Künstler kannte aber auch ihr Innerstes dank jahrelanger gründlicher tieranatomischer Studien.

Mit den Farben führt er bereits ins Imaginäre. Mag das Pferd links als Dunkelrotbrauner mit dunkler Mähne noch geradezu natürlich erscheinen, wirkt der Fuchs rechts mit seiner dunklen, ins Violette übergehenden Mähne schon fremder und mehr noch das hintere Pferd mit violettem Farbstich. Vor dem irrealen, leeren grünblau-gelben Landschaftshintergrund erscheint die Kreatur mit ihrem Eigenleben auf sich selbst gestellt.

22 Franz Marc: Die drei roten Pferde (Weidende Pferde IV), 1911
Öl auf Leinwand, 121 x 183 cm
Cambridge, MA, Harvard University Art Museums

Der Bildaufbau gibt zusätzlich Aufschluss über Marcs Intentionen: Die drei Pferde arrangieren sich zu einem nach vorne offenen Karree. Das rückwärtige Tier wird vorn und hinten von den anderen überdeckt, sodass beinahe ein neuer Organismus entsteht. Die drei Pferde vermitteln in dieser Konstellation die uralten genetisch fixierten Aktivitäten eines Pferdes auf der Weide: fressen, bewegen, sichern. Das Typische eines Weidepferdes wird aus den parallel herausgestellten Verhaltensmustern erkennbar.

Das pflanzenfressende Pferd benötigt in der Natur 50–70 % seiner Zeit für die Nahrungsaufnahme. Mühsam muss das Futter gesucht, erfasst, abgequetscht und kauend zerkleinert werden. In einer Stunde ist allenfalls ein Zehntel des Tagesbedarfs geschafft. Das grasende Pferd zeigt sich in der typischen Haltung: Mit leicht gespreizten Vorderbeinen wird der erreichbare Halbkreis abgeerntet. Dann geht es Schritt für Schritt weiter nach vorn. Dieses Verhalten bei der Futtersuche erklärt, warum Pferde, auch vor Wagen oder Pflug, stets nach vorn drängen und so als Zugtiere (aus)genutzt werden können.

Weidepferde bewegen sich aber nicht nur schrittweise vorwärts. Beim Spiel oder der Erkundung, mehr noch, wenn sie erschrecken oder flüchten, legen sie raschere Gangarten ein. Das Pferd links scheint sich eher spielerisch zu bewegen, der Körper wirkt wie durchpariert nach einem plötzlichen Stop.

Das dritte Pferd sichert mit erhobenem Kopf vor potentiellen Feinden. Auge und Ohr sind die wichtigsten Helfer. Das große ausdrucksvolle Pferdeauge seitlich am Kopf kann einen Bereich von 270° überschauen. Durch leichte Wendung des Kopfes wird die »Umsicht« vollständig. Dann bietet sich ein weites, aber eher unscharfes Panorama, denn nur in einem kleinen Abschnitt überschneiden sich die Sehbereiche der beiden Augen und liefern scharfe Konturen. Jedes Auge erfasst die Bilder separat. Wenn kleinere, sich rasch bewegende Objekte zunächst in einem Augenbereich registriert werden, dann aber in das Feld des anderen überwechseln, scheut das Pferd vielleicht – eine für den Menschen oft unverständliche Reaktion. Das Auge wird durch das Ohr unterstützt, wie von Marc beim sichernden, ohrenspitzenden Pferd angedeutet. Radarantennen gleich, lassen sich die Pferdeohren um 180° drehen, jede Seite für sich. So wird eine mögliche Geräuschquelle, unterstützt durch Kopfbewegungen, rasch geortet. Das Spiel der Ohren ist ein verlässlicher Indikator für Aufmerksamkeit und Sensibilität.

Wird eine Gefahr erkannt, heißt es Flucht oder in einer Stutenherde Igelstellung, wenn die noch wenig mobilen Fohlen zu schützen sind. Die radiär aufgestellten Pferde, die Köpfe nach innen, haben dann mit ihrer schlagkräftigen Hinterhand ein wirkungsvolles Mittel, um Angreifer auf Abstand zu halten.

Mit seinen weidenden Pferden, die noch Anklänge an die reale Welt zeigen, war die Entwicklung von Franz Marc nicht zu Ende. In seinem nahezu abstrakten Hauptwerk von 1913, dem »Turm der blauen Pferde«, schauen die Pferdeköpfe fast herrisch und überlegen auf den Betrachter. Ihr Blau charakterisiert das Wesen, die durchdringende Kraft, die allem Natürlichen innewohnt. Sein Freund und Kollege August Macke wünschte, dass »die Hufschläge seiner Pferde bis in die fernsten Jahrhunderte hallen«. Sie werden es – doch ihren Schöpfer traf schon 1916 vor Verdun ein tödliches Geschoss, zu Pferde.

23 Musik in den Beinen?

E. L. Kirchner im Bann der Zirkuswelt

KEIN ZIRKUS OHNE PFERDE! Doch die Begegnungen sind anders als im Alltag, in der Natur oder selbst im Zoo. In der Manege zeigen Pferde auch ausgefallene Bewegungsspiele und Verhaltensweisen, die, verbunden mit Musik, das besondere Flair des Zirkus ausmachen – eine geheimnisvolle, verzauberte Atmosphäre.

Die Stimmung dieser künstlichen Welt hat naturgemäß auch die Künstler angezogen, z. B. Goya, Toulouse-Lautrec, Seurat oder Macke. Auch den Expressionisten Ernst Ludwig Kirchner (1880–1938) faszinierte das bunte Spiel während seiner Berliner Jahre (1911–1914). In Deutschland versuchten damals rd. 70 Zirkusunternehmen, viele in der Hauptstadt, die Zuschauer zu becircen.

Im Mittelpunkt der »Zirkusreiterin« steht das große weiße Pferd, das alles andere an die Peripherie drängt. Es trabt im Kreis der Manege zwischen der Bande und den kleinen Hilfen, den Fähnchen, die seine Bahn markieren. In dem auf einen Manegenausschnitt komprimierten Bild versucht der Maler, das Pferd in die Rundung einzupassen. Vielleicht nicht ganz zwanglos, wenn man die eingeklemmte Nachhand mit den eingeknickten Sprunggelenken betrachtet. Das eigentlich Zirzensische geht von der Kunstreiterin aus, die einer Tänzerin gleich ihre körperliche Gewandtheit, ihre Verbundenheit mit dem Pferd auf dem Zirkel zeigt. Die Arena mit den Zuschauern bleibt im Hintergrund. Die rote Farbe der Polster wandert über rotbefrackte Gehilfen zu den rötlichen Flecken auf der Nachhand des Schimmels, zum roten Rand der Manegenbegrenzung und verblasst schließlich im Trikot der Reiterin.

Einem Zirkus ohne Pferde fehlt die Seele. Sie verleihen als

23 Ernst Ludwig Kirchner: Die Zirkusreiterin, 1912
Öl auf Leinwand, 120 x 100 cm
München, Staatsgalerie moderner Kunst

Zehenspitzengänger – ähnlich wie Balletteusen – der Manege Bewegung, Schwung, Leichtigkeit, Rhythmus, Eleganz. Sarrasani, einer der bekanntesten Berliner Zirkusunternehmer, brachte zeitweilig 200 Pferde gleichzeitig ins Manegenrund, häufig Schecken, um den exotischen Reiz zu erhöhen.

Die Anfänge des Zirkus liegen in römischer Zeit. Doch im riesigen Oval des Circus Maximus in Rom mit bis zu 150 000 Zuschauern waren Kunstreiter die Ausnahme. Meist kämpften Renngespanne verbissen um den Sieg. Diese ruppige Welt des römischen Zirkus endete mit dem Untergang Roms. Erst vor rd. 200 Jahren entstand in Europa eine neue Form des Zirkuslebens, ausgehend von wandernden Tierschauen und Menagerien, von höfischen Reiterspielen des Barock, vor allem aber von den Reitschulen. Nach Einrichtung der ersten freistehenden Manege in Paris (1767) baute ein ehemaliger Kavallerist in London 1769 einen Zirkus moderner Art. Er hatte gleich den Dreh heraus, denn seine runde Manege (mit einem Durchmesser von 13 m, dem noch heute üblichen Standardmaß) grenzte die fliehenden Bewegungen der Pferde ein und erleichterte – dank der Zentrifugalkräfte – die Balance auf dem Pferderücken, wie auf Kirchners Bild.

Bei ausreichender Manegengröße konnten Pferd und Reiter ihre vielseitigen Begabungen demonstrieren, wie
– hohe Schule auf und über der Erde,
– akrobatische Einlagen auf dem Pferderücken, wie sie Kirchner faszinierten,
– Freidressuren großer Pferdegruppen,
– Schau- und Bewegungsbilder in Kombination mit anderen Tierarten,
– kleine Gags zur heiteren Unterhaltung.

Dressurvorführungen unter dem Reiter verlangen keine anderen Hilfen als bei gymnastischen Übungen, aber sie werden perfekter, oft exaltierter präsentiert. Freidressuren dagegen fordern ein höheres Maß an Training, sollen Courbette, Capriole oder Levade vollendet gelingen. Diese Figuren müssen aus den natürlichen Bewegungsabläufen des Pferdes entwickelt werden, doch prononcierter und vollkommener. Die hundesitzige Stellung des Pferdes, d. h. der Sitz auf der Nachhand, sieht zunächst unnatürlich aus, doch es ist eine Phase, die jedes Pferd durchläuft, wenn es aufsteht. Als Zirkusnummer wird dieser normalerweise sehr kurze Abschnitt länger fixiert.

Beim Auftritt großer Pferdegruppen müssen mit viel Geduld und Übung Interaktionen zwischen konkurrierenden Pferden schon im Keim erstickt werden. Der Dompteur steuert durch Gesten, Geräusche (Peitschenknall) oder Kommandos ebenso wie durch Touchieren mit der Peitsche. Das lebhaft bewegte Pferdeohr empfängt noch Wellenlängen, die vom Menschen nicht mehr registriert werden. Wahrscheinlich gelangen aber auch noch Schallwellen, die vom Boden ausgehen, u. a. durch Bewegungen der Nachbarpferde, über Huf und Skelett zum Innenohr des Pferdes. Umstritten ist die Musikalität der Pferde. Vermutlich passt sich die Zirkusmusik eher den Bewegungsrhythmen der Pferde an als umgekehrt.

Besondere Hilfen vermittelt die Peitsche, nicht durch Schmerz, sondern durch Touchieren. Sie wirkt wie der verlängerte Arm des Menschen. Durch Streicheln bestimmter Körperteile werden zuvor eingeübte Reflexe ausgelöst. Vorführungen von Pferden gemeinsam mit Elefanten, Giraffen, Hunden oder selbst Löwen sind Höhepunkte zirzensischer Arbeit. Die große Nummer, ein Löwe hoch zu Ross, musste ca. 1 Jahr eingeübt werden. Die kleinen Gags runden das Zirkusprogramm ab: z. B. das Pferd kann rechnen, apportieren, sich ins Bett legen, das Licht ausmachen, seinem Reiter das Hemd ausziehen und Ähnliches mehr. Dies gelingt, weil nachher der Futtersack winkt.

Wenn sich das bunt aufgezäumte Zirkuspferd am Ende der Vorstellung in der Vorhand tief verneigt – in der Fachsprache Compliments genannt – dann ist das nichts anderes als ein aus dem natürlichen Spiel entwickeltes Verhaltensmuster. Auch diese Figur kann durch Bereitstellung von Futter zwischen den Vordergliedmaßen und gleichzeitiges Touchieren eingeübt werden. Beim Auftritt in der Manege reicht dann ein leichtes Berühren mit der Peitsche, um die noble Geste auszulösen.

Bei solchen Fähigkeiten wird schnell von der Intelligenz des Pferdes gesprochen. Doch hier ist an die Worte des Philosophen Kant zu erinnern: »Ich würde von dem Rücken des Rosses herabsteigen und – den Hut in der Hand – mit diesem edlen Tier verkehren, wenn es nur imstande wäre, das Wörtchen ICH zu denken.«

24 Onkel Neuchs Pferdchen

M. Chagall träumt von seiner Heimat

MARC CHAGALL (1887–1985) VERLIESS 1910 seine russische Heimat und wohnte seitdem in Paris. Doch die Jugenderlebnisse wirkten lange nach. Noch in einem Brief aus dem Jahr 1931 an einen Onkel heißt es: »Ich habe vergessen, an Dich zu denken, Onkelchen Neuch. Wir pflegten zusammen aufs Land zu gehen, um Vieh zu holen. Wie glücklich war ich, wenn Du mich in Deinem rumpelnden Karren mitfahren ließest. Wir kamen von der Stelle, so gut es ging. Dafür gab es auf beiden Seiten alles mögliche zu sehen: Straße, Straße, feiner Sand ... und wie er schnaubt, mein Onkel Neuch, und sein Pferd antreibt ...«.

Sein Bild »Der Viehhändler« verklärt die Erinnerung an ländliches Leben, pointiert aber eine spezielle, schmerzliche Situation. Der Viehhändler bringt mit seinem Wagen ein Tier aus seiner gewohnten Umgebung vermutlich zum Schlachter. Die Besitzer nehmen traurig Abschied. Die Frau hinter dem Wagen wendet sich ab. Sie trägt ein Kälbchen liebevoll auf den Schultern, vielleicht Ersatz für das abgehende Tier. Auch in der Stute, vom Händler energisch angetrieben, keimt neues Leben, sie ist tragend. So wird auf doppelte Weise der Wechsel zwischen Abschied und Neuanfang, zwischen vergehendem und neuem Leben im ländlichen Rhythmus verdeutlicht.

Die Farben wirken irreal, verbinden aber die verschiedenen Elemente. Das Rot der Stute wandert – in der Intensität verstärkt – über die Jacke des Händlers zu der Frau hinter dem gelben Wagen und bildet die Basis für die ganze Szene. Das krasse Grün der Mütze springt zu den Hörnern und Beinen des transportierten Tieres ebenso

24 Marc Chagall: Der Viehhändler, 1912
   Öl auf Leinwand, 97 x 200,5 cm
   Basel, Öffentliche Kunstsammlung, Kunstmuseum

wie zu Kleid und Schal der Frau. Das Fahrzeug mit eigenwilligen Speichenrädern ist ebenso wie Anspannung und Zügelführung des Pferdes nur angedeutet. Doch in einem Punkt bleibt der Maler naturgetreu: Die wachsende Frucht zeigt er – zwar etwas weit nach vorn – in der richtigen Lage.

Noch liegt das Fohlen mit dem Rücken, dem Schwerpunkt, nach unten, doch wenige Wochen vor der Geburt wird es sich drehen und dann mit nach vorn langgestreckten Vorderbeinen und aufgelegtem Kopf den Weg nach außen, das »Licht der Welt« suchen. Dies gelingt meistens ohne Hilfe, denn trotz der langen Fohlenbeine sind Geburtskomplikationen beim Pferd eher selten.

Die Geburt beginnt mit Stress, wenn auch Gestütsmeister Franke 1829 in wohlgesetzten Worten dieses Ereignis fast verklärt: »Indem der geborne Fötus anfängt, die atmosphärische Luft ein- und auszuathmen, seine Augendecken, die Augenlieder zu öffnen und seine Gliedmaßen zu bewegen, nimmt er die Natur eines höhern Geschöpfes, eines Füllens oder Fohlens an, denn er tritt mit unserer großen Welt in Wechselwirkung und geht nun darauf aus, den Anforderungen derselben Genüge zu leisten, weil er schon die Fähigkeit oder wenigstens die Anlagen zu den Fähigkeiten mit ihren mannichfaltigen Ausflüssen zu communiciren in sich vereinigt.«

Hinter »der Wechselwirkung mit unserer großen Welt« steht die unausweichliche Auseinandersetzung mit Viren, Bakterien und Parasiten, mit tiefen Temperaturen, mit Anstrengungen zur Nahrungsaufnahme und -verdauung oder auch zur Flucht. Bei dieser Wechselwirkung gehen in freier Natur rd. 10 %, in kalten Jahren bis zu 50 % der Fohlen zugrunde.

Fohlen kommen – wenn noch die Natur den Lebenszyklus steuert – im Frühjahr zur Welt. Das ist zweifellos optimal für Mutter und Nachkommen. In dieser Zeit bietet die Steppe Wildpferden für zwei bis vier Monate üppiges, energie-, eiweiß- und vitaminreiches Futter. Dann kann die hochtragende Stute ihre rasch wachsende Frucht gut versorgen, denn innerhalb der beiden letzten der insgesamt 11 Trächtigkeitsmonate verdoppelt der Fetus sein Gewicht. Auch der anschließende Milchfluss profitiert von üppiger Weide.

Innerhalb einer Stunde nach der Geburt kann das Fohlen stehen und alsbald auch laufen, aus gutem Grund: Bei Gefahr muss es der Mutter möglichst bald folgen können. Fohlen wachsen schnell, wenn sie bei der Mutter saugen. Im ersten Monat wird das Geburtsgewicht verdoppelt. Die Milchmenge macht es (rd. 15 l pro Tag), weniger die Inhaltsstoffe. Mit 1,5 % Fett ist die Stutenmilch eher mager. Der Milchzuckergehalt (5 %) liefert rasch umsetzbare Energie für die Muskelzelle und damit für die Bewegung. Der Mensch erkannte bald, dass sich die Stutenmilch für die Herstellung seiner liebsten Droge, dem Alkohol, eignet. Schon die Skythen, von Homer »Rossemelker« genannt, blieben ähnlich wie später andere asiatische Reitervölker bei ihrem Kumyss bis ins hohe Alter gesund. Der Schönheit ihrer Haut zuliebe badete Kleopatra in Stuten- oder Eselsmilch. Ihre Nachfahrinnen können sich allenfalls mit Creme, Salbe oder Kurtrunk aus Stutenmilch pflegen. Ein Substitut ist die Stutenmilch heute bei Säuglingen, die gegenüber Kuhmilch allergisch sind.

Chagalls Bild erzählt vom Werden und Vergehen in einer bäuerlichen Welt, die fast versunken ist. Haustiere wuchsen heran, mussten aber auch aus diesem Kreis ausscheiden. Der Mensch bestimmte selbst den notwendigen Rhythmus, der oft schmerzte, denn er lebte mit den Nutztieren noch in einer persönlich gefärbten Gemeinschaft.

25 Pegasus ohne Flügel

J. Ihle setzt Halla ein Denkmal

FORMEN UND BEWEGUNGEN DER TIERE prägten das künstlerische Schaffen von Jochen Ihle (1919–1997). Auch als Kind der Großstadt Berlin suchte und fand er immer wieder Kontakt zur Kreatur, um sie zu beobachten und zu gestalten. Nach seiner Lehrzeit als Chemiegraf musste er ab 1939 als Soldat anders als geplant tätig werden. Schwer verwundet heimgekehrt, studierte er ab 1942 in der Berliner Bildhauerklasse unter W. Gerstel, nach dem Krieg unter R. Scheibe. Ab 1971 lebte er auf einem ehemaligen Bauernhof vor den Toren Hannovers.

Ihle nutzte und beherrschte viele Materialien und Techniken: Holz, Stein, Bronze, insbesondere auch Stuckmarmor. Sein künstlerischer Zoo war groß: Schildkröten, Reiher, Affen, Geparde, Ziegen, Schafe, Antilopen, Elefanten, Giraffen, vor allem aber Equiden (Esel, Zebras, Pferde). Viele seiner Skulpturen schmücken seine Berliner Heimat, bekannt vor allem das Elefantentor im Zoologischen Garten. Ihle, selbst Pferdefreund und später auch Pferdebesitzer, hat immer wieder das Charakteristische dieser Tierart auszudrücken versucht: von Fohlen, Stuten oder Hengsten, Ponys oder Reitpferden, von Pferden im Schritt, Trab oder Galopp. In Stuckmarmor gelangen ihm stark stilisierte Formen, die durch intensive Farben, elegante Linienführung und blankpolierte Oberflächen faszinieren.

Das legendäre Springpferd Halla von H. G. Winkler, das inzwischen schon über eine ansehnliche Bibliografie verfügt, gestaltete Ihle lebensnah. 1976, an ihrem Lebensabend, konnte er bei der etwa 30 Jahre alten Stute noch Maß nehmen. Bevor er die überlebensgroße Plastik für das Olympische Komitee für Reitsport in Warendorf

25 Jochen Ihle: Springpferd Halla, 1976/1992
Bronze, Höhe 50,5 cm, Länge 46 cm, Werkverzeichnis 202
Privatbesitz

schuf, modellierte er kleinere Hallas, u. a. die abgebildete Skulptur als zweite endgültige Fassung der Großfigur.

Halla präsentiert sich mit vorgestrecktem Hals und Kopf und gespitzten Ohren. Ihrem Naturell entsprechend scheint sie an der Umgebung äußerst interessiert. Durch die aufgeraute Oberfläche gelingt es Ihle, die Proportionen des Körpers herauszuheben: die kräftige, eher steile Schulter, die abfallende Kruppe ebenso wie die Konturen der Beine. Für ihr außerordentliches Sprungtalent liefert das Exterieur kaum Hinweise. Sie wurde im Mai 1945 geboren, Vater war der Traberhengst Oberst, die Mutter stammte als Beutepferd aus Frankreich. Hallas Karriere als Springpferd war keineswegs klar vorgezeichnet. Als Military-Pferd fehlte ihr bei gutem Springvermögen die Neigung zu exakten Dressurfiguren; es hieß, sie sei zu intelligent und zu sensibel für diese Laufbahn. Ein Ausflug auf die Rennbahn verlief auch nicht rühmlich. Im Stall webte sie, fraß schlecht oder nur nach Laune – rundherum eine recht zickige Pferdedame. Ihre Springbegabung blieb der Deutschen Reiterlichen Vereinigung aber nicht verborgen, sodass sie schließlich im Warendorfer Talentstall landete; H G. Winkler kam, sah und siegte mit ihr.

Mit Leichtigkeit schaffte Halla Hindernisse von 1,80 m Höhe und bewältigte auch 2 m, ja 2,20 m. Nach zahlreichen Siegen in vielen europäischen Ländern ebenso wie in Nordamerika machte sie im Jahr 1956 in Stockholm ihr Bravourstück auf dem olympischen Parcours mit H. G. Winkler, der durch einen Muskelriss stark gehandikapt war. Manche Beobachter glaubten gesehen zu haben, dass Halla im entscheidenden Ritt die Regie übernommen habe und Winkler nur Passagier gewesen sei. Doch so anerkennend das klingt, Halla war kein »Selbstläufer«.

Der Springsport ist eine junge Sparte des Reitsports. Er wurde erstmals im Jahr 1900 zu den olympischen Spielen zugelassen. Seither ist das Springen ein Zuschauermagnet. Immer schneller, immer höher hieß zunächst die Devise, doch heute hebt man nicht mehr so stark ab. Seit dem ersten Weltrekord von 1906 mit 2,35 m blieb der Fortschritt bis heute bescheiden: 2,47 m 1949 in Chile. Hohe Sprünge sind für Pferde keineswegs arttypisch. In der Natur weichen sie Hindernissen lieber aus oder begnügen sich mit flachen Sprüngen.

Warum Pferde dennoch so hoch springen, bleibt bisher ein Geheimnis. Man kennt inzwischen den Ablauf des Sprungs, die fast parallele Stellung der Hinterbeine rund 2 m vor dem Hindernis, die nach Abheben der Vorhand dem Körper den eigentlichen Schwung zum Flug verleihen. Doch besondere anatomische Merkmale, die diesen Akt zu höchster Perfektion bringen, sind nicht bekannt.

Der Impuls für die Springreiterei ging Anfang dieses Jahrhunderts vom Militär aus, als die klassische Aufgabe der Kavallerie, die Attacke, abgelöst wurde von der Aufklärung im Gelände. Dabei mussten auch größere Hindernisse bewältigt werden. Die Uniformen der Militärs dominierten deshalb noch lange auf den Springparcours. Heute erhält dieser Sport – ähnlich wie im alten Rom – auch Impulse aus der Sucht nach *panem et circenses*. Dabei dürfen die Schattenseiten dieses Sports, die Risiken für das Pferd, nicht bagatellisiert werden. Abgesehen von oft unsanften Trainingsmethoden, entstehen bei der Landung nach einem hohen Sprung starke Belastungen für den Sehnen- und Bandapparat der Vordergliedmaßen. Chronische Abnutzung in diesem Bereich (Podotrochlose) zählt zur häufigsten Ursache für das Ende einer Springpferdkarriere. Halla hat diese Risiken gut überstanden. Sie nahm mit 15 Jahren Abschied vom Sport, wurde mit 16 Jahren tragend und brachte hintereinander 4 Fohlen zur Welt, die aber vom Springvermögen der Mutter nichts ererbt hatten. Halla wurde 34 Jahre alt. Ihr Denkmal hält die Erinnerung wach an ein hochtalentiertes Pferd mit 125 Siegen, hoffentlich aber auch die Erkenntnis, dass solche Pferde seltene Ausnahmen sind und ihre Leistungen nicht Maßstab für ganze Pferdepopulationen sein können.

26   »Die poetische Idee aber endet nicht«

M. Marinis Apokalypse

ROSS UND REITER – kein moderner Bildhauer hat sich diesem Thema so leidenschaftlich gewidmet wie Marino Marini (1901–1980). In seinem noch von dem französischen Kollegen Maillol beeinflussten Frühwerk hatten ihn vorzugsweise Gaukler und Tänzerinnen sowie später Porträts von Chagall, Strawinsky und Henry Miller beschäftigt, doch ab den 40er-Jahren dominierte die Werkreihe »Miracolo« (Wunder) sein Schaffen, in der er sich mit seinem Lebensthema, der gleichnishaften Symbiose von Mensch und Tier, immer wieder aufs Neue auseinandersetzte.

Am besten lässt sich im Museo Marini in Florenz die Entwicklung der Ross- und Reiter-Plastiken im Laufe der Jahrzehnte verfolgen. Bis heute wird Marini in Italien in Anspielung auf seine antiken Anleihen gern als ein »Etrusker der Neuzeit« bezeichnet: Sitzen seine Reiter zunächst noch stolz und sicher auf dem Pferderücken, lässt er sie in immer kühneren Formexperimenten bald taumeln und stürzen. Eine der späten, abstrakt gefassten »Miracolo«-Figuren soll künftig im Berliner Regierungsviertel als neues Wahrzeichen auf der Spreetreppe platziert werden.

Auch bei der Mannheimer »Miracolo«-Skulptur von 1953 wird gleich auf den ersten Blick deutlich: Marini geht es nicht um das schöne Pferd, nicht um das Pferd in seinen harmonischen Bewegungsabläufen, wie es viele Jahrhunderte zuvor die Künstler zu verherrlichen suchten. Bei ihm werden Pferd und auch Reiter zu einem Sinnbild für bestürzende Lebenserfahrungen, die das 20. Jahrhundert so reichlich bot.

Marini studierte an der Florentiner Kunstakademie Malerei, fand

26 Marino Marini: Miracolo, 1953
   Bronze, Höhe 2,55 m
   Mannheim, Städtische Kunsthalle

in Paris zur Plastik, lebte während der Zeit des Faschismus im Schweizer Exil und lehrte später in Mailand. Wenige Jahre vor seinem Tod formulierte er im Rückblick auf Krieg, Faschismus, den Abwurf der Atombombe, den Korea- und Vietnamkrieg seine Botschaft: »Meine Reiter drücken die Angst aus, die die Ereignisse meiner Epoche auslösen. Die Erregung meines Pferdes steigert sich mit jedem neuen Werk. Die Reiter sind immer machtloser und haben die frühere Herrschaft verloren, und die Katastrophen, die über sie hereinbrechen, gleichen denen, die Sodom und Pompeji in den Untergrund rissen.«

In der Tat haben Pferd und Reiter ihre Rollen vertauscht: Das Pferd präsentiert die Vertikale, der Reiter die Horizontale. Auch die Größenverhältnisse haben sich verändert: das Pferd eine riesige drohende Masse, der Mensch erscheint geschrumpft. Noch weitere Details wirken verfremdet. Die raue furchige Oberfläche der Skulptur steht im Gegensatz zu einem glatten, gepflegten Pferdekörper, der schlanke Hals mit dem stilisierten Kopf weckt Assoziationen an einen frühweltlichen Saurier. Und erinnern nicht die abgewinkelten, zu einem platten, runden Fuß zusammenfließenden Vordergliedmaßen mit den weit herabhängenden Hautfalten an einen Dickhäuter aus grauer Vorzeit? Ebenso irritierend wirkt der Reiter, der sich auf dem Pferd noch zu halten versucht, mit verstümmelten Beinen, die Hände hilflos, fast flehentlich vorgestreckt, mit flachem, ängstlichem Gesicht. Eine apokalyptische Szene: das Pferd aufsteigend wie eine Urgewalt und der Mensch als Unterlegener, der unterzugehen droht.

Doch warum gerade das Pferd als Symbol des Unbezwingbaren, Bedrohenden, Ungeheuerlichen? Klingen hier alte Erinnerungen an die Wolken- oder Sturmpferde, an die Pferde des Meergottes Poseidon an, die in den Mythen weiterleben? An die Pferde, die Mitwisser der Götter, die die Zukunft voraus sahen, an die menschenfressenden Pferde des Diomedes, an die geheimnisvollen Zwitterwesen, die Kentauern?

Diese Verbindungen mögen bei der Betrachtung des Bronzemirakels wach werden, doch vermutlich wollte Marini etwas anderes deutlich machen. War nicht gerade das Pferd über mehrere Jahrtausende ein Beweis, wie der Mensch die Natur beherrschen konnte? Er saß obenauf, hoch zu Ross, ohne Skrupel. Keine andere Kreatur hat der Mensch durch Züchtung, Training und Dressur so für sich angepasst wie das Pferd. Andererseits wird aber bei keiner anderen dem Menschen nahe stehenden Tierart der Sprung in das Zeitalter der Technik so deutlich wie beim Pferd, wird die kontrollierte Kraft der gezähmten Natur durch die Kraft der Maschine verdrängt

Vor diesem Hintergrund wirkt der Rollenwechsel zwischen Mensch und Pferd dramatisch. Das Erschrecken vor dieser Wandlung verstärkt sich, wenn uns bewusst wird, dass der Kontakt des Menschen zum Pferd beim Reiten sowohl im physischen wie auch im psychischen Sinn besonders intensiv war und ist. Es ist die Enttäuschung über einen alten Begleiter und Freund, dessen man sich sicher war, der nun aber bedrohlich über den Menschen aufwärts strebt. Hier wird die bittere Ironie von Jonathan Swift ins Gegenteil verkehrt, der 250 Jahre zuvor dem Menschen die vernunftbegabten Pferde, die Houghuhums, vor Augen hielt, die ihren Verstand vernünftiger als die armseligen Menschen gebrauchten.

Doch so wenig die Menschen Swifts Botschaft beherzigten, so wenig wird auch Marinis Mahnung die Welt verändern. In Bronze gegossen, behält sie jedoch ihre eigenwillige, aufrüttelnde Kreatürlichkeit. Der Künstler vermutete 1968: »Die lebendige realistische Realität des Reiters, mein Hauptthema, löst sich auf und wird konstruktive Irrealität ... Die poetische Idee aber endet nicht«.

Literaturverzeichnis

Allgemeine Literatur

BARCLAY, H. B. (1980): The role of the horse in man's culture. Allen, London u. New York

CLUTTON-BROCK, J. (1991): Horse power. Harvard Univ. Press, Cambridge, Massachusetts

DECHAMPS, B. (1957): Über Pferde. Ullstein, Berlin

DUNLOP, R. H., D. J. WILLIAMS (1996): Veterinary Medicine – an illustrated history. Mosby, St. Louis

EDWARDS, E. H. (1999): Enzyklopädie der Pferde. BLV, München

GORBRACHT, W. (1976/1978): Das Abenteuer Pferd, Bd. 1 und 2. Limpert, Bad Homburg

HUTTEN-CZAPSKI, G. M. VON (1876): Die Geschichte des Pferdes. Grunert, Berlin; Nachdruck 1974, Zentralantiquariat Leipzig

ISENBART, H., E. M. BÜHRER (1983): Das Königreich der Pferde. Bucher, München und Luzern

JÄHNS, M. (1872): Ross und Reiter, Bd. 1 und 2. Grunow, Leipzig

JUNKELMANN, M. (1990/1991): Die Reiter Roms, Bd. 2. Von Zabern, Mainz

KELLER, O. (1909): Die antike Tierwelt; Nachdruck 1980. Olms, Hildesheim

SCHMALENBACH, W. (1959): Adel des Pferdes. Walter, Olten/Freiburg

SCHUMACHER, B. (1994): Pferde. Belsen, Stuttgart/Zürich

Spezielle Literatur

Bild 1

BOUMAN, E. (1998): The reintroduction of Przewalski-horses in Mongolia. Ned. Com. Intern. Natuurbescherming, Med. 32

MOHR, E. (1959): Das Urwildperd. Ziemen, Wittenberg

MÜLLER-BECK, H., G. ALBRECHT (Hrsg.) (1987): Die Anfänge der Kunst vor 30 000 Jahren. Thein, Stuttgart

RÖHRS, M., P. EBINGER (1998): Sind Zooprzewalskipferde Hauspferde? Berl. Münch. tierärztl. Wschr. 111, 273–280

SIMPSON, G .G. (1977): Pferde. Parey, Berlin

Bild 2

ADAMSON, P. B. (1984): Domestication of the horse in the ancient middle east. Vet. History 3, 101–109

ANTHONY, D., D. Y. TELEGIN, D. BROWN (1992): Die Anfänge des Reitens. Spektrum der Wissenschaft (2), 88–94

BARNETT, R. D., A. LORENZINI (1975): Assyrische Skulpturen. A. Bongers, Recklinghausen

McMIKEN, D. F. (1990): Ancient origins of horsemanship. Equi. Vet. J. 22, 73–78

READE, J. (1983): Assyrien Skulpture. Harvard Univ. Press. Cambridge, Massachusetts

Bild 3

FRANKE, P. R., M. HIRMER (1972): Die griechische Münze. Hirmer, München

HÖRNSCHEMEYER, A. (1929): Die Pferdezucht im klassischen Altertum. Diss. Gießen

LEHNDORFF, G. VON (1976): Hippodromos. Wiegandt, Hempel u. Parey, Berlin

Bild 4

BRINKER, H., R. GOEPPER (1980): Kunstschätze aus China, Katalog. Kunsthaus Zürich

CREEL, H. (1965): The role of the horse in Chinese history. Am. Historical Rev. 70, 647–672

EGGEBRECHT, A. (Hrsg.) (1994): China – eine Wiege der Weltkultur. Von Zabern, Mainz

FRANKE, H. (1986): Heilige Kühe und Fuchsdämonen. Zur Rolle der Tiere in den asiatischen Kulturen. In: MEYER, H., M. RÖHRS (Hrsg.): Studium generale – TiHo Hannover, Bd. III/IV, 115–137. Schaper, Hannover

HUPPERTZ, J. (1962): Die frühe Pferdezucht in Ostasien. Ztschr. Tierzüchtg. Züchtgsbiol. 76, 190–208

NISSEN, J. (1987): Welches Pferd ist das? 10. Aufl. Franckh'sche Verlagshandlung, Stuttgart

ZEWEN, L., D. WILSON, J. P. DRÈGE, H. DELAHAYE (1982): Die Große Mauer. Umschau Verlag, Frankfurt a. M.

Bild 5

SCHMALENBACH, W. (1959): Adel des Pferdes. Walker, Freiburg

SOCIETA OLIVETTI/KUNSTBUCH BERLIN (1982): Die Pferde von San Marco. Fröhlich und Kaufmann, Berlin

Bild 6

BACHRACH, B. S. (1985): On the origins of William the Conqueror's horse transport. Technology and Culture 26, 505–531

BROOKS, F. W. (1932): The English Naval Forces 1199–1272 Brown, London

GRAPE, W. (1994): Der Teppich von Bayeux. Prestel-Verlag, München

JUDJE, N. G. (1969): Transport of horses. Austr. Vet. J. 45, 465–469

PIEKALKIEVICZ, J. (1978): Luftkrieg 1939–1945. Bechtermünz, Eltville

PRYOR, J. H. (1982): Transportation of horses by sea (8th cent. to 1285 A.D.). Mariners Mirror 68, 9–27; 103–125

STENTON, F. (Ed.) (1965): The Bayeux Tapestry. Phaidon, London

Bild 7

GLADITZ, C. (1997): Horse breeding in the medieval world. Four-Courts Press, Portland

DINI G. C., A. ANGELINI, B. SANI (1997): Sienesische Malerei. Dumont, Köln

OHLY, F. (1989): Die Pferde im »Parzival«, Wolfram v. Eschenbach. In: RÖHRS, M., H. MEYER (Hrsg.): Studium generale – TiHo Hannover, Bd. VII, 70–104. Schaper, Hannover-Alfeld

RÜNGER, F. (1925): Ritterpferde im Deutschen Osten. Ztschr. Tierzüchtg. Züchtgsbiol. 2, 211–308

SCHÖNEBECK, R. (1912): Das Pferd und seine Darstellung in der bildenden Kunst vom hippologischen Standpunkt aus. Engelmann, Leipzig

THOMPSON, F .L. (1983): The medieval war horse. In: THOMPSON, F.L.: Horses in European economic history, 4–20. British Agri. Hist. Soc., Reading

Bild 8

BUTLER, D. (1995): The principles of horseshoeing, 2. Auflg. Butler Publ.

CARNAT, T. (1953): Das Hufeisen in seiner Bedeutung für Kultur und Zivilisation. ABC-Verlag, Zürich

GRAF VITZHUM (1907): Die Pariser Miniaturmalerei vom hl. Ludwig bis Phillipp von Valois. Quelle u. Meyer, Leipzig, S. 181

Bild 9

AHLBORN, H. (1941): Die Geschichte und Zucht der weißgeborenen Kutschrassen des Königlichen Marstalls zu Hannover. Vet. Diss. Hannover

BAYERISCHES NATIONALMUSEUM MÜNCHEN (1995): Das Goldene Rößl. Hirmer, München

BOWLING, A. (1996): Horse genetics. CAB Intern., Oxon, UK

SCHULZE, W. (1987/88): Hannoveraner. Nr. 100

Bild 10

ABEL, W. (1978): Geschichte der deutschen Landwirtschaft, Bd. II, 3. Auflg. Ulmer, Stuttgart

HENNING, F. W. (1994): Deutsche Agrargeschichte des Mittelalters, 9.–15. Jh. Ulmer, Stuttgart

HUBER, M. F. (1988): Unsere Tiere im alten Bayern. Ludwig-Verlag, Pfaffenhofen

RÖCKEN, H. (1989): Das Arbeitstier. Schulz, Percha (Starnberg)

RÖSENER, W. (1987): Bauern im Mittelalter, 3. Auflg. Beck, München

SCHULTZ-KLINKEN, K. R. (1977): Haken, Pflug und Ackerbau. Kunde NF 26/27, 5–68. Lax, Hildesheim

Bild 11

ERTZ, K. (1981): J. Brueghel d. Ä. Dumont, Köln

HEINE, H.: Gesammelte Werke; herausgegeb. von M. ELSTER. Bertelsmann Lesering, Bd. II, S. 535

KÖNIG, W. (Hrsg.) (1991): Propyläen Technikgeschichte, Technik im Mittelalter, Bd. 1 bis 3. Propyläen Verlag, Berlin

KULTURSTIFTUNG RUHR/ESSEN (1997): Pieter Breughel d. J. und Jan Brueghel d. Ä. Luca Verlag, Lingen

THOMPSON, F. M. (Ed.) (1983): Horses in European economic history. Brit. Agric. Hist. Soc.

TREUE, W. (1986): Achse, Rad und Wagen, 5000 Jahre Kultur- und Technikgeschichte. Bruckmann Verlag, München

Bild 12

BÄR, G. (1974): Über kosmetische Maßnahmen am Pferd unter besonderer Berücksichtigung des Zeitraumes vom 16. bis 20. Jh. Vet. Diss. Hannover

EPSTEIN, H. (1971): The origins of the domestic animals in AFRIKA. Africans Publ. Cooperation, New York, London, München

EPSTEIN, H. (1972): The Chandella horse of Khajuraho. Zeitschr. Tierzüchtg. Züchtgsbiol. 89, 170–177

GLADITZ, C. (1997): Horse breeding in the Medieval World. Four Courts Press, Portland

GOSWANY, B. N., E. FISCHER (1987): Wunder einer goldenen Zeit – Malerei am Hof der Moghul-Kaiser. Museum Rietberg, Zürich

HAERDL, J. von (1903): Die Pferderassen des Niederländisch-Indischen Archipels. Schickhardt und Ebner, Stuttgart

Bild 13

ALLEN, W., R. PASHEN (1984): Production of monozygotic horse twins by embryo micromanipulation. J. Repr. Fertility 71, 607–613

BÄR, G. (1974): Über kosmetische Maßnahmen am Pferd unter besonderer Berücksichtigung des Zeitraumes vom 16. bis 20. Jh. Vet. Diss. Hannover

LEHMANN, E. von (1975): Zur Farbgenetik des Pferdes. Z. Tierzüchtg. Züchtgsbiol. 92, 106–117

SPONENBERG, P. (1996): Equine color genetics. Iowa State University, Ames, Iowa

Bild 14

BRANDER, M. (1972): Die Jagd von der Urzeit bis heute. BLV, München

HULL, D .B. (1964): Hounds and hunting in ancient Greece. Chicago Press, Chicago u. London

OPPERMANN, H. (1977): Jean-Baptiste Oudry. London

Bild 15

BRUCK, R. (1918): Anatomische Studien Dürers. Arch. f. wiss. u. prakt. Tierheilkd. 44, Suppl. 512–510

DOHERTY, T. (1974): The anatomical work of George Stubbs. Secker und Warburg, London

OTTAWAY, C. W. (1976): George Stubbs and Leonardo da Vinci. Hist. Med. Vet. 1, 13–17

PFEIFFER, C. J. (1987): History of equine anatomy. Anat. Rec. 218, 106 A

Bild 16

GARROT, R., T. EAGLE, E. PLOTKA (1990): Age specific reproduction in feral horses. Canad. J. Zool. 69, 738–743

JOSEPHY, A. M. (1994): 500 Nations. A. Knopf, New York

LAWRENCE, E. A. (1985): Hoof, Beats and Society. Indiana Univ. Press, Bloomington

RÖHRS, M. (1993): Verwilderung von Haustieren. In: RÖHRS, M., H. MEYER (Hrsg.): Studium generale – TiHo Hannover, Bd. IX/X, 6–16. Schaper, Alfeld – Hannover

SCHMIEDT, H. (1987): Karl May; 2. Aufl. Athanäum, Frankfurt

SIMPSON, G. G. (1977): Pferde. Parey, Berlin

WOLF, G. (1985): Georg Catlin: Die Indianer Nordamerikas – Das Material zum Traum. Jahrbuch Karl May-Gesellschaft, 348–363

WOLFE, M. L. (1986): Population Dynamics of feral horses in Western North America. J. Equ. Vet. Sci. 6, 231–235

Bild 17

MEYER, H., M. COENEN (2002): Pferdefütterung; 4. Aufl. Blackwell, Berlin

SCHÄFFER, J. (1986): Zur Semiotik und Diagnostik in der Pferdeheilkunde der Spätantike. Pferdeheilkunde 2, 139–166

SCHNITZLER, U. (1970): Planung von Reitanlagen. Ing. Diss. Karlsruhe

Bild 18

BERMANN, L. (1972): Berühmte Pferde. Tessloff Verlag, Hamburg

DINARDO, R., A. BAY (1988): Horse-Drawn Transport in the German Army. J. Contemp. History 23, 129–142

KEEGAN, J. (1995): Die Kultur des Krieges. Rowohlt, Berlin

STEGER, F. (1845): Der Feldzug von 1812; Neuausgabe 1985. Phaidon, Essen u. Stuttgart

THEUERKAUFF, J. (1932): Tiere im Krieg. Verlag Tradition, Berlin

VERGIL: Landleben, Georgica III,70. Artemis Verlag München, 1981 (Hrsg. J. u. M. Götte)

Bild 19

ENGELHARDT, W. VON (1989): Vergleichende Aspekte zur Leistungs-physiologie des Sportpferdes. In: MEYER, H., M. RÖHRS (Hrsg.): Studium generale – TiHo Hannover, Bd. VI, 5–21. Schaper, Alfeld – Hannover

GAFFNEY, B., E. CUNNINGHAM (1988): Estimation of genetic trend in racing performance of thoroughbred horses. Nature 332, 722–723

HALL, S. (1984): The skeleton of Eclipse. Vet. History 3, 94–100

HUBER, F. (1988): Unsere Tiere im alten Bayern. Ludwig-Verlag, Pfaffen-hofen

Bild 20

LOCHMANN, E. H. (1978): Vom Werden und Wachsen. 200 Jahre Tierärztliche Hochschule Hannover. Schaper, Hannover

MEYER, G., H. MEYER (2001): Zwei Tierarztbilder von W. Leibl, in: SCHÄFFER, J. (Hrsg.): Geschichte der Tiermedizin im Spiegel der Kunst, Literatur und Musik. DVG Verlag, Gießen, 9–20

RIECK, W. (1968): Zur Pathologie der Pferdeseuchen im Mittelalter. Festschrift G. Eis, 277–292. Metzlersche Verlagsbuchhandlung, Stuttgart

SCHÄFFER, J. (1986): Zur Semiotik und Diagnostik in der Pferdeheilkunde in der Spätantike. Pferdeheilkd. 2, 139–166.

WALKER, R. (1983): Römische Veterinärmedizin. In: TOYNBEE, J.: Tierwelt der Antike, 299–356. Von Zabern, Mainz

Bild 21

ANTHONY, D., D. TELEGIN, D. BROWN (1992): Die Anfänge des Reitens. Spektrum der Wissenschaft (2), 88–94

BUSCH, G. (1986): Max Liebermann. Fischer, Frankfurt/M.

STECKEN, A. (1993): Geschichte der Reitkunst. In: RÖHRS, M., H. MEYER (Hrsg.): Studium generale – TiHo Hannover, Bd. IX/X, 60–80. Schaper, Alfeld – Hannover

TRENCH, Ch. Ch. (1970): Geschichte der Reitkunst. Nymphenburger Verlagshandlung, München

WESENBERG, A. (Hrsg.) (1997): Max Liebermann – Jahrhundertwende. National Galerie, Berlin

Bild 22

KRULL, H. D. (1983): Untersuchungen zur Aufnahme und Verdaulichkeit von Grünfutter beim Pferd. Diss. agr. biol., Hohenheim/Hannover

LANGNER, J. (1984): Das Tierbild bei Franz Marc. In: RÖHRS, M., H. MEYER (Hrsg.): Studium generale – TiHo Hannover, Bd. II, 15–24. Schaper, Hannover

RÖHRS, M. (1992): Merkmals- und Funktionswandel in der Stammesgeschichte der Pferde. In: MEYER, H. (Hrsg.): 1. Europäische Konferenz über die Ernährung des Pferdes. Pferdeheilkd., Sonderheft, 11–14

Bild 23

AINSLIE, F., B. LEDBETTER (1992): So verstehen Sie Ihr Pferd. BLV, München

GROHMANN, W. (1958): E .L. Kirchner. Kohlhammer, Stuttgart

ZEEB, K. (1973): Pferde dressiert von Fredy Knie. Hallway, Bern und Stuttgart

Bild 24

FRANKE, L. (1829): Die Entwicklung, Geburt und Ausbildung des Fohlens. Jahrbuch für Pferdezucht, 6, 245–342

GRUNERT, E., K. ARBEITER (Hrsg.) (1993): Tiergeburtshilfe, 4. Auflg. Parey, Berlin

LIST, U. (1993): Tiere. Gestalt und Bedeutung in der Kunst. Belser, Stuttgart u. Zürich

MEYER, H. (1996): Das neugeborene Fohlen – alles startklar? Pferdeheilkd. 12, 171–178

Bild 25

HOMANN, K. (1994): Der Bildhauer Jochen Ihle. Fröhlich, Celle
STERN, H. (1971): Sterns Bemerkungen über Pferde. Kindler, München
VELTJENS, C. (1987): Erkrankungen des Bewegungs- und Atemapparates bei Pferden. Diss. agr. Bonn
WINKLER, H. G. (1971): Springreiten. Rowohlt, Hamburg

Bild 26

RUDLOFF, M., A. SEIFERT (1991): Ross und Reiter in der Skulptur des XX. Jahrhunderts. Hauschild, Bremen
WALDBERG, P., G. di SAN LAZZARO (1970): Marino Marini. Propyläen-Verlag

Bildnachweis

Bild 1:   Tübingen, Institut für Ur- und Frühgeschichte der Eberhard-
          Karls-Universität

Bild 2:   London, British Museum

Bild 3:   Foto: Hirmer

Bild 4:   Foto HAAS/J. Gellenthin-Reuter

Bild 5.   Foto: Autor

Bild 6:   Bayeux, Centre Guillaume le Conquérant

Bild 7:   Siena, Palazzo Pubblico

Bild 8:   Oxford, Bodleian Library

Bild 9:   München, Bayerisches Nationalmuseum; Foto: W. Haberland

Bild 10: Chantilly, Musée Condé; Foto: RMN – R. G. Ojeda

Bild 11: München, Alte Pinakothek; Blauel/Gnamm, Artothek 850

Bild 12: Genf, Sammlung des Prinzen und der Prinzessin Sadruddin Aga
          Khan

Bild 13: Schloss Vaduz, Sammlungen des Fürsten von Liechtenstein

Bild 14: Florenz, Soprintendenza Speciale per il Polo Museale fiorentino
          (Mit freundlicher Genehmigung des Ministero dei Beni e le Atti-
          vità Culturali)

Bild 15: London, Royal Academy of Arts

Bild 16:   Washington, Smithsonian American Art Museum

Bild 17:   Karlsruhe, Staatliche Kunsthalle; 2608

Bild 18:   Paris, © Foto: Musée de l'Armée

Bild 19:   Paris, Musée d'Orsay; Foto: RMN – H. Lewandowski

Bild 20:   Rheinisches Bildarchiv Köln; WRM 1173

Bild 21:   Rheinisches Bildarchiv Köln; WRM 2819

Bild 22:   Cambridge, MA, Harvard University Art Museums

Bild 23:   München, Staatsgalerie moderner Kunst; Artothek 1129

Bild 24:   Basel, Öffentliche Kunstsammlung, Kunstmuseum; Foto:
            Martin Bühler © VG Bild-Kunst, Bonn 2002

Bild 25:   Foto HAAS/J. Gellenthin-Reuter

Bild 26:   Mannheim, Städtische Kunsthalle; © VG Bild-Kunst, Bonn 2002